A HISTÓRIA DAS CAMISAS DOS 12 MAIORES TIMES DO BRASIL

© 2009 Paulo Gini e Rodolfo Rodrigues

Diretor editorial
Marcelo Duarte

Coordenadora editorial
Tatiana Fulas

Assistente editorial
Vanessa Sayuri Sawada

Assistente de arte
Fernanda Pedroni

Estagiária
Juliana Paula de Souza

Projeto gráfico
Ana Miadaira

Diagramação
Estúdio Carol Melo e Jana Tahira

Revisão
Alessandra Miranda de Sá

Impressão
Geográfica

```
CIP – BRASIL. CATALOGAÇÃO NA FONTE
SINDICATO NACIONAL DOS EDITORES DE LIVROS, RJ

G412c

Gini, Paulo
A história das camisas dos 12 maiores times do Brasil / Paulo Gini,
Rodolfo Rodrigues. – São Paulo: Panda Books, 2009. 276 pp.

ISBN: 978-85-7888-013-2

1. Futebol – Brasil – Uniformes. 2. Jogadores de futebol
Uniformes. I. Rodrigues, Rodolfo, 1975-. II. Título.

                                                CDD: 796.334
09-2194.                                        CDU: 796.332
```

2010
Todos os direitos reservados à
Panda Books
Um selo da Editora Original Ltda.
Rua Henrique Schaumann, 286, cj. 41
05413-010 – São Paulo – SP
Tel./Fax: (11) 2628-1323
edoriginal@pandabooks.com.br
www.pandabooks.com.br
twitter.com/pandabooks
blog.pandabooks.com.br
Visite também nossa página no Facebook e no Orkut.

A HISTÓRIA DAS CAMISAS DOS 12 MAIORES TIMES DO BRASIL

Paulo Gini
Rodolfo Rodrigues
ilustrações Mauricio Rito

impressão

PANDA BOOKS

Este livro segue as normas do novo ACORDO ORTOGRÁFICO

Agradecimentos

A Aldo Neto, Alex Fernandes, Alexandre Magno Barreto Berwanger, Alexandre Pinheiro, Carlos José Reis Santoro, Celso Unzelte, Cláudio Diestmann, Dado Lancelotti, Diogo Antônio, Durval Alves de Carvalho Júnior, Edson Pinedo, Ema C. de Souza, Emmerson Maurílio, Felipe Augusto Marx, Fernando Razzo Galuppo, Gabriel Elias, Glauco Lissoni, Guilherme Guarche, Henrique Ribeiro, Heron Oliveira, Marcelo Leme Arruda, Márcio Trevisan, Mauricio Neves, Mauro Betting, Mauro Cezar Pereira, Michel Luiz Fugazzotto Tadei, Paulo Gomes, Pedro Varanda, Pepito Fornos, Rafael de Souza Perez, Roberto Porto, Rogério Andrade, Ronaldo Nunes, Tiago Gontijo e Vitor Eidelman.

Vestindo uma paixão

Este livro foi feito a partir de referências fotográficas, camisas de colecionadores e depoimentos de historiadores. Procuramos colocar todas as camisas utilizadas em jogos oficiais*. Ficaram de fora camisas de treino, aquelas feitas apenas para serem comercializadas em lojas, como algumas de linha retrô, e até camisas que foram produzidas para serem utilizadas em partidas oficiais, mas que nunca foram usadas de fato. Em alguns casos mais relevantes, destacamos também a parte de trás da camisa. Procuramos ainda redesenhar as camisas retratando fielmente os detalhes do modelo original. Porém, por se tratar de ilustrações, não é possível chegar à exatidão em alguns casos. Pela falta de referências, sabemos também que alguns modelos podem ter ficado de fora dessa pesquisa. Por isso, caso você tenha algum modelo de camisa para acrescentar a este trabalho, entre em contato conosco pelos e-mails abaixo.

pgini@terra.com.br | rodolforodrigues@hotmail.com

Os autores

* Camisas atualizadas até 30/05/2009

Sumário

Prefácio 9

ATLÉTICO-MG 11

BOTAFOGO 39

CORINTHIANS 60

CRUZEIRO 86

FLAMENGO 105

FLUMINENSE 124

GRÊMIO 141

INTERNACIONAL 162

PALMEIRAS 181

SANTOS 208

SÃO PAULO 231

VASCO 251

Referências bibliográficas 275

Aquela camisa já existiu

Eu era só um garoto, na casa dos 15 anos, quando os times brasileiros com camisas listradas em preto e branco, como Santos e Botafogo, começaram a imitar a Juventus, da Itália. Para dar visibilidade ao número, incluíram um horroroso quadrado preto nas costas. No ano seguinte, o São Paulo interrompeu as listras vermelhas e pretas e criou um espaço branco para introduzir os números. Garoto apaixonado por camisas, pela tradição, odiei.

Não entendia como se podia acabar com a tradição... O número preto em cima das listras tricolores, o número branco sobre as listras brancas. Não importava que ficasse invisível. O garoto xiita virou jornalista. Mas deixou mesmo de ser xiita no dia em que abriu uma revista antiga. Na mesma edição, de 1948, lá estava o Botafogo campeão carioca e o São Paulo campeão paulista. Um com o número branco num quadrado preto, outro com as listras tricolores interrompidas, exatamente como o São Paulo repetiu em 1985. O Botafogo não imitava a Juventus. Copiava sua própria história.

Camisas de clubes causam um incrível fascínio sobre os tarados por futebol. Você sempre vai se lembrar da camisa do time da sua infância, aquela que seu ídolo vestiu. Mas não se engane. Esse modelo significa só um pedaço da história.

Daí a importância deste livro. O ineditismo do trabalho de Paulo Gini e Rodolfo Rodrigues faz notar que nem tudo é tradição e que até o que parece inovação, hoje em dia, já apareceu no passado. É um documento histórico, uma joia produzida pela dupla, ao mostrar a evolução ano após ano, modelo após modelo. Um trabalho que cada clube já deveria ter feito há décadas, mas que só agora chega à sua mão, graças a um trabalho de pesquisa realizado por Paulo e Rodolfo.

As listras finas e largas do manto sagrado rubro-negro. O verde mais claro e mais escuro do Palmeiras. Aquela camisa que você odiou, pode procurar. No passado, ela já existiu.

Paulo Vinicius Coelho, comentarista da ESPN-Brasil e da *Folha de S. Paulo*

Atlético-MG

Ser o maior jogador da história de um clube com a tradição e a grandeza do Atlético Mineiro é uma honra. Vestir a camisa dessa equipe centenária parecia ser coisa somente de meus sonhos. Sonhos realizados! Eu tinha 13 anos quando fui para o Atlético e com apenas 16 anos me profissionalizei no clube. Fiquei 12 anos, me tornei o maior artilheiro da história do time e até hoje sou muito querido pela torcida. Os torcedores me param e declaram admiração pelo meu futebol. Não há nada mais gratificante para um ex-jogador. E eu, como atleticano, fico muito feliz por tudo aquilo que vivi e pelo reconhecimento que tenho até hoje. Vestir a camisa do Atlético foi realmente uma emoção única. Uma realização profissional e pessoal. Entre os momentos mais marcantes, guardo sempre com muito carinho as finais e os títulos conquistados. Ganhar um título mineiro com aquela camisa listrada, sobre o Cruzeiro, é algo tão maravilhoso que só um atleticano pode sentir. Felizmente tive esse prazer.

Atacante
Reinaldo (José Reinaldo de Lima)
11/11/1957, Ponte Nova (MG)
Jogou no Atlético-MG de 1973 a 1985 e conquistou os seguintes títulos pelo clube: Mineiro (1976/78/79/80/81/82/83)

A história das camisas do **ATLÉTICO-MG**

1908 | 1913

Fundado em 1908 com o nome Atlético Mineiro Futebol Clube, o Galo adotou o primeiro uniforme com a cor preta predominante. Cinco anos depois, no dia 25 de março de 1913, o nome mudou para Clube Atlético Mineiro, e a camisa ganhou o escudo com as iniciais CAM.

1910 | 1924

O Atlético Mineiro criou um segundo uniforme, com a camisa listrada com faixas brancas e pretas. Com o passar do tempo, essa camisa substituiu a toda preta e passou a ser considerada a número 1 do time.

1914 | 1919

1920 | 1924   1925 | 1928

A partir de 1925, a camisa do Atlético ganha um novo escudo, já parecido com o modelo usado atualmente. As listras pretas e brancas na camisa também mudam e ficam mais finas em relação ao modelo usado entre 1910 e 1924.

A história das camisas do **ATLÉTICO-MG**

1926

1929 | 1930

1931 | 1937

1938 | 1939

1940 | 1941

1942 | 1944

1945

1946 | 1948

1949 | 1953

A história das camisas do **ATLÉTICO-MG**

1954

1954 | 1957

1956

1956 | 1958

> Nos anos 1950, o Atlético deixa de usar a camisa preta e adota a branca como seu uniforme número 2, junto com o calção e as meias brancas. Com o tempo, o clube passou a variar nas combinações, com calção e meias pretas.

1957 | 1958

1958

1959

1959 | 1968

A história das camisas do ATLÉTICO-MG

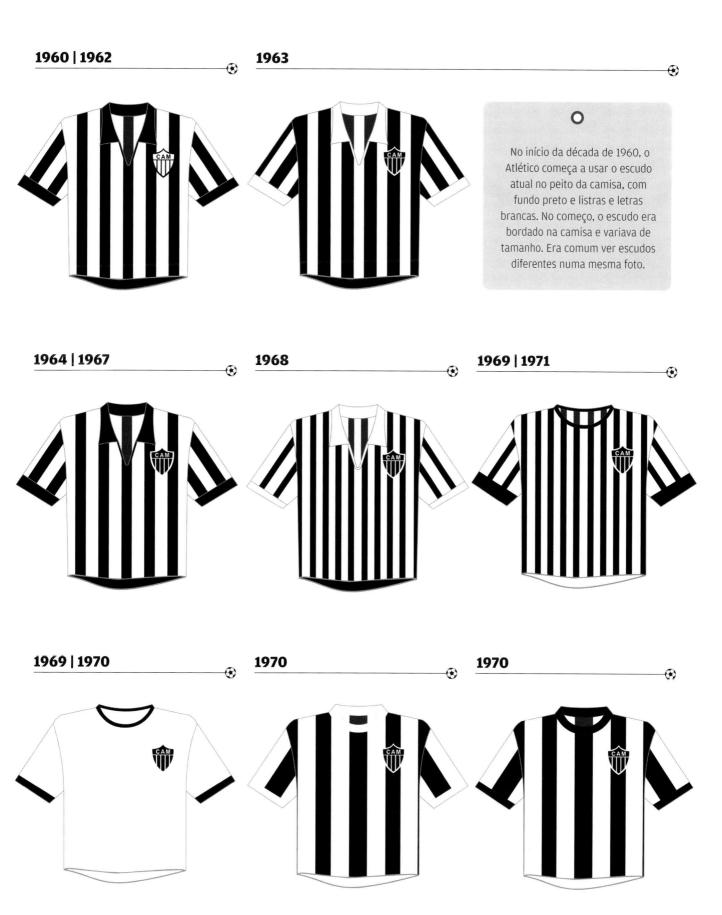

1960 | 1962

1963

No início da década de 1960, o Atlético começa a usar o escudo atual no peito da camisa, com fundo preto e listras e letras brancas. No começo, o escudo era bordado na camisa e variava de tamanho. Era comum ver escudos diferentes numa mesma foto.

1964 | 1967

1968

1969 | 1971

1969 | 1970

1970

1970

A história das camisas do **ATLÉTICO-MG**

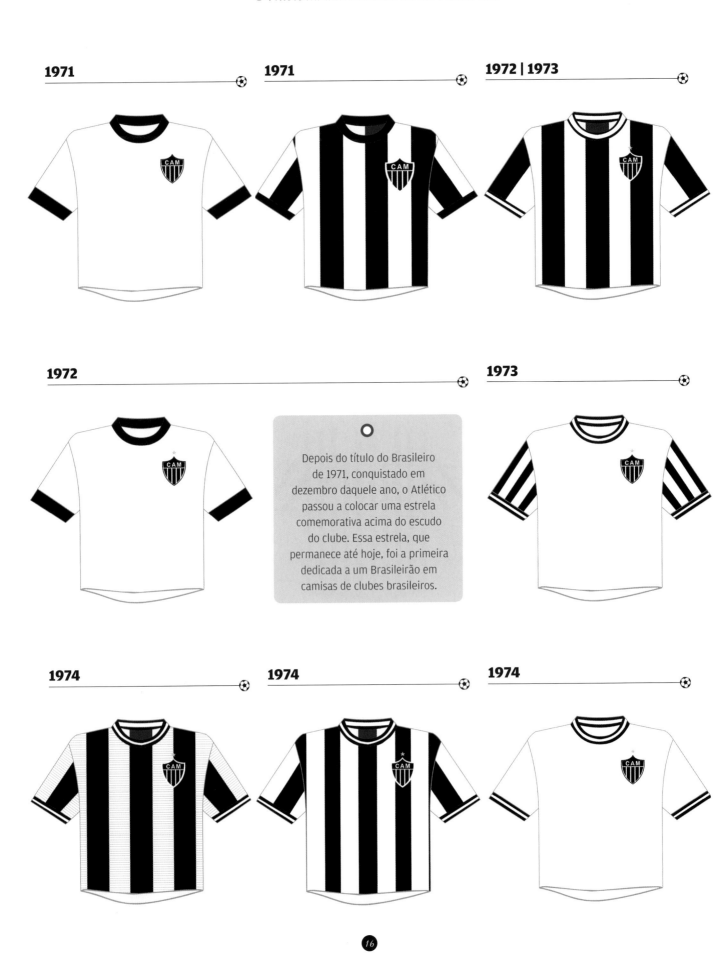

1971

1971

1972 | 1973

1972

1973

> Depois do título do Brasileiro de 1971, conquistado em dezembro daquele ano, o Atlético passou a colocar uma estrela comemorativa acima do escudo do clube. Essa estrela, que permanece até hoje, foi a primeira dedicada a um Brasileirão em camisas de clubes brasileiros.

1974

1974

1974

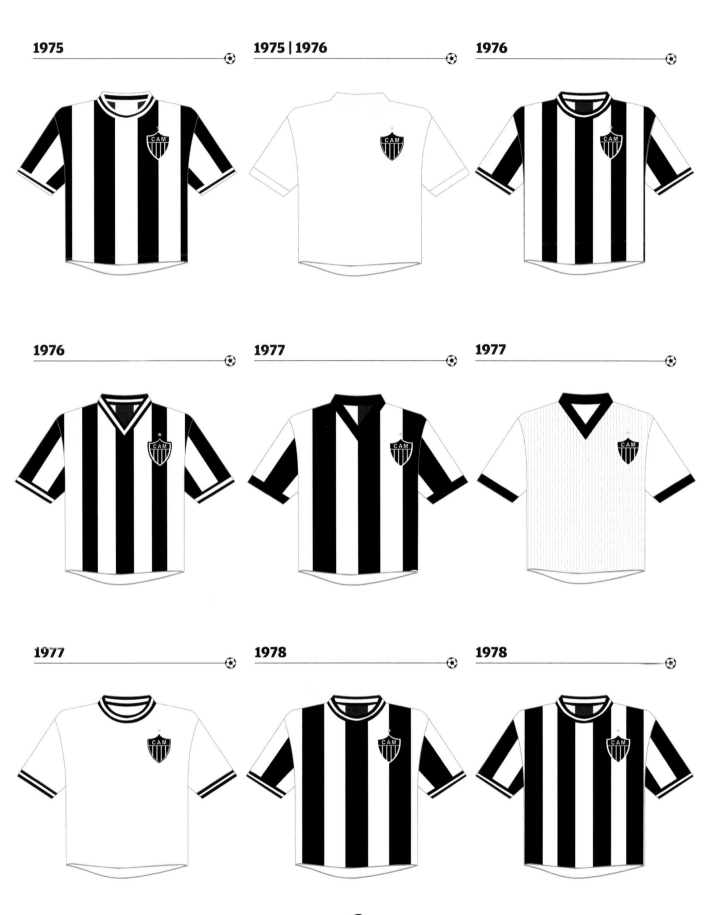

A história das camisas do **ATLÉTICO-MG**

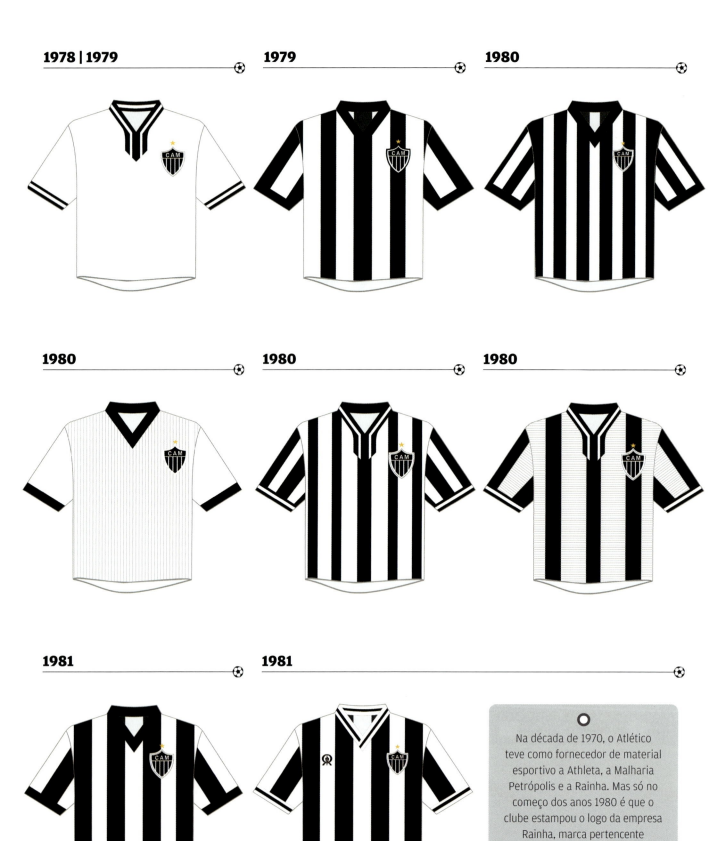

1978 | 1979

1979

1980

1980

1980

1980

1981

1981

> Na década de 1970, o Atlético teve como fornecedor de material esportivo a Athleta, a Malharia Petrópolis e a Rainha. Mas só no começo dos anos 1980 é que o clube estampou o logo da empresa Rainha, marca pertencente a São Paulo Alpargatas S/A, em sua camisa. A Rainha ficou de 1979 a 1983 no Galo.

A história das camisas do **ATLÉTICO-MG**

1981   **1981**

1981   **1981**

1982

O Atlético colocou pela primeira vez a marca de um patrocinador na camisa. Naquele ano, o Banco de Crédito Real de Minas Gerais entrou na parte de trás da camisa, como era permitido na época. Até 1982, não era permitido qualquer patrocínio.

1984

Entra um novo patrocinador na camisa do Galo. Sai o Credireal, que permaneceu de 1982 a 1983, para a entrada da Precon. A empresa do ramo de construção fica na camisa do Atlético durante o ano de 1984.

1984 1984 1985

1985 1985 1985

A história das camisas do **ATLÉTICO-MG**

1985 **1986** **1986**

1986 **1986**

> Depois de passar um ano sem patrocinador, o Atlético fechou um contrato para a temporada de 1986 com o Banco Agrimisa. No mesmo ano, o clube trocou seu fornecedor de material esportivo. A Adidas, que ficou de 1983 a 1985, deu lugar à Penalty.

1986 **1987** **1987**

A história das camisas do **ATLÉTICO-MG**

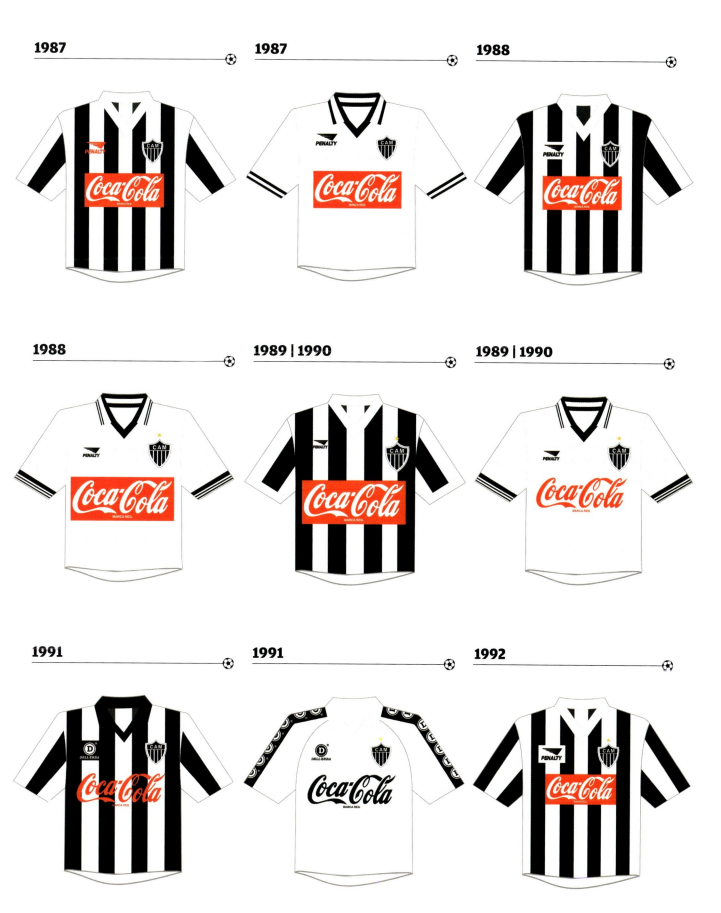

A história das camisas do **ATLÉTICO-MG**

1992

1992

1992

1993

1993

1993

1993

1994

No início desse ano, a inglesa Umbro virou a nova fornecedora de material esportivo do Galo. Em seu primeiro modelo, a grande novidade foram as listras verticais na manga. Em pouco tempo, a camisa foi severamente criticada e logo trocada pela tradicional.

A história das camisas do **ATLÉTICO-MG**

1994 **1994** **1995 | 1996**

1995 **1995 | 1996** **1997**

1997 **1997**

1997

> Para comemorar o centenário de Belo Horizonte, o Atlético usou um logo da prefeitura com a marca dos cem anos da cidade na estreia do time na Copa Centenário de BH, vencida pelo Galo sobre o rival Cruzeiro. A copa contou ainda com clubes como Milan-ITA e Benfica-POR.

1998

1998

1998

1998

1999

A história das camisas do **ATLÉTICO-MG**

1999 | **1999** | **1999**

1999 | **1999** | **1999**

2000

Em 2000, o Atlético passou um período sem patrocinador. Para não deixar o espaço vazio na camisa, resolveu colocar o apelido "Galo". Nas mangas, um logo estilizado da mascote do clube. A camisa seguiu com apenas uma estrela. As duas da Copa Conmebol foram abandonadas.

2000

A história das camisas do **ATLÉTICO-MG**

2000

2000

2000

Depois de sessenta anos o Atlético volta a usar uma camisa toda preta. O terceiro uniforme de 2000 foi criado para a disputa de jogos internacionais na Copa Libertadores da América. A camisa fez sucesso e até hoje segue como opção dos modelos do clube.

2000

2000

Em 2000, na Libertadores, o Atlético inovou ao colocar a bandeira do Brasil na parte de trás da camisa. No ano seguinte, passou para a manga e ainda acrescentou a bandeira do estado de Minas Gerais. E assim jogou até 2003.

2000

A história das camisas do **ATLÉTICO-MG**

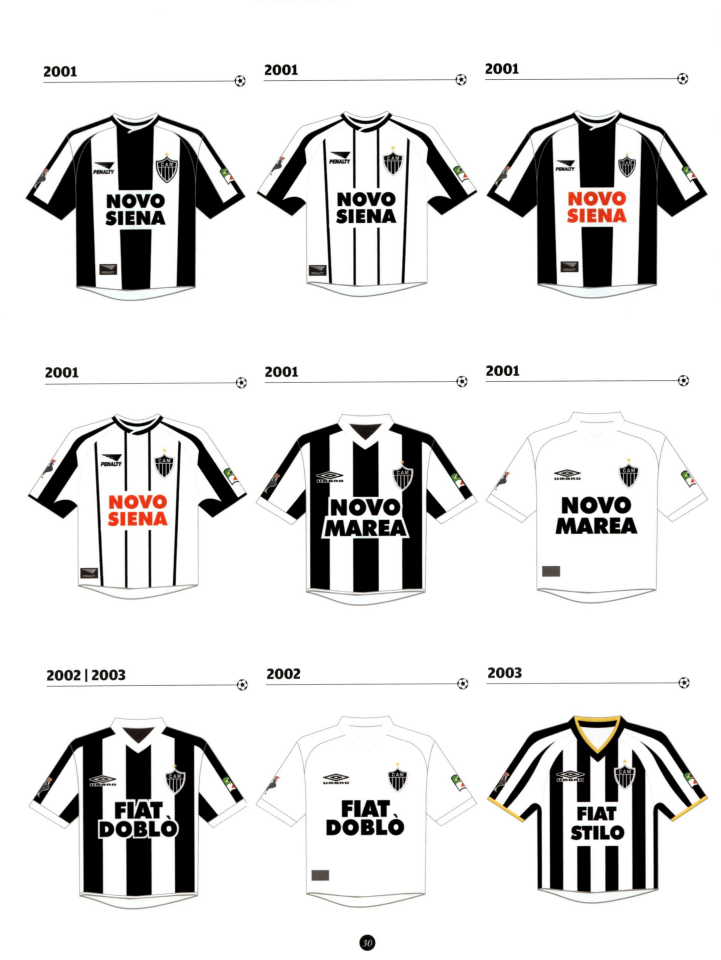

A história das camisas do **ATLÉTICO-MG**

O Atlético voltou a jogar com a imagem do Galo na camisa. Dessa vez, porém, para fazer propaganda da campanha Galo no Celular, um serviço disponibilizado pelo departamento de marketing do clube que enviava mensagens sobre o time.

A história das camisas do **ATLÉTICO-MG**

2005

2005

2005

2005

2005

2006

2006

2006

2006

A história das camisas do **ATLÉTICO-MG**

2006

2006

2006

2006

2006

2006

2006

2007

2007

A história das camisas do **ATLÉTICO-MG**

2007   2007

2007

Durante o Campeonato Brasileiro de 2007, o Atlético estampou a logomarca da campanha do Brasil para sediar a Copa do Mundo de 2014. A camisa foi utilizada em poucos jogos mas, pelo menos, deu um pouco de sorte. O país foi escolhido pela Fifa.

2007   2007

O Atlético criou um terceiro uniforme totalmente diferente de todos utilizados até então. Pela primeira vez o clube jogou de cinza e branco. No mesmo ano, foi feito um modelo da camisa preta com uma faixa horizontal cinza. Ambos não ficaram para 2008.

A história das camisas do **ATLÉTICO-MG**

2008

No ano em que comemorou seu centenário, o Atlético resgatou o antigo escudo do clube, usado entre 1914 e 1924, e ainda estampou nas costas um logo dos cem anos. O modelo ainda traz as cordinhas na gola, inspirado nas camisas dos anos 1910 e 1920.

2008

O uniforme preto, usado também para comemorar o centenário, foi uma réplica de 1914. A grande diferença, no entanto, foram os patrocinadores (tanto nas mangas quanto na parte da frente da camisa). A camisa, no entanto, não foi muito utilizada.

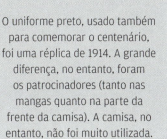

2008

2008

2009

2009

A história das camisas do **ATLÉTICO-MG**

2009　　　**2009**　　　**2009**

2009

Botafogo

Guardo até hoje a camisa da final do Campeonato Brasileiro de 1995, conquistado sobre o Santos. Ela está num quadro, em casa, para que meu filho e depois meus netos possam sentir um pouco do que ela representou. É uma camisa que não tem preço e com um valor emocional inestimável. Depois do Garrincha, posso afirmar que sou o maior ídolo da história do Botafogo. Tudo o que fiz pelo clube, coincidentemente com a imortal camisa 7 de Garrincha, me faz pensar assim. Fui o artilheiro e principal jogador da equipe que conquistou o inédito título do Campeonato Brasileiro de 1995 e estou entre os dez maiores artilheiros do clube de todos os tempos, com mais de 150 gols. Acho que honrei muito bem a camisa 7 de um clube que está entre os maiores do Brasil e já foi, na época do Garrincha, um dos maiores do mundo. Eu me sinto completamente realizado em ter vestido a camisa do Botafogo. Acho que todo botafoguense ainda se recorda dessa camisa listrada. As pessoas me agradecem até hoje e esse carinho é o que mais me emociona.

Atacante
Túlio (Túlio Humberto Pereira Costa)
2/6/1969, Goiânia (GO)
Jogou no Botafogo de 1994 a 1996, 1998 e 2000, e conquistou os seguintes títulos pelo clube: Brasileiro (1995) e Torneio Rio-São Paulo (1998)

A história das camisas do **BOTAFOGO**

1904

Fundado como Electro Club, no dia 12 de agosto de 1904, o Botafogo adotou inicialmente o uniforme com camisa e calções brancos e meias pretas. Logo depois, no dia 18 de setembro, o clube já mudaria o nome para Botafogo Football Club, em homenagem ao bairro.

1904 | 1905

1906 | 1909

Pouco menos de dois anos depois de sua fundação, o Botafogo mudou seu uniforme. A escolha foi pela camisa de listras verticais em preto e branco, por sugestão de Itamar Tavares, que morara na Itália e era admirador da Juventus, de Turim.

1910 | 1912

1913 | 1927

1923

O Botafogo usou pela primeira vez um uniforme emprestado. No amistoso contra o Americano, de Campos dos Goytacazes-RJ, dia 25 de março, o Botafogo não tinha uniforme reserva e acabou utilizando a camisa verde do Andarahy, que havia jogado uma das preliminares naquele dia.

A história das camisas do **BOTAFOGO**

1928 | 1930

1931 | 1933

1933

○

De acordo com o *Jornal dos Sports*, do Rio de Janeiro, o Botafogo enfrentou o Engenho de Dentro-RJ, no dia 7 de maio, de camisas vermelhas, pois o adversário usava camisa com listras verticais azuis e brancas. O Botafogo venceu o jogo por 5 X 1, válido pelo Campeonato Carioca.

1934 | 1938

1938 | 1942

1942 | 1946

○

No dia 8 de dezembro, o Botafogo Football Club e o Club de Regatas Botafogo fundem-se e dão origem ao Botafogo de Futebol e Regatas, nome atual do clube. Desde então, o alvinegro passou a usar o escudo com estrela solitária, o mesmo de hoje.

A história das camisas do **BOTAFOGO**

1947

1947 | 1953

1954 | 1955

1956

1957 | 1961

1962 | 1963

1962

1962

1964 | 1969

A história das camisas do **BOTAFOGO**

1968

Na derrota para o Grêmio, no dia 12 de outubro, em jogo pelo Torneio Roberto Gomes Pedrosa, o Botafogo entrou em campo de camisa azul, da Adeg, administradora do estádio do Maracanã, para diferenciar bem do tradicional uniforme do clube gaúcho (listras verticais azuis, pretas e brancas).

1970

1970 | 1977   1973

Somente no início da década de 1970 é que o Botafogo passou a jogar de branco e adotar a camisa como seu segundo uniforme. Até então, a camisa com listras verticais pretas e brancas era a única do clube para jogos oficiais.

1975

No dia 23 de agosto, na vitória por 3 X 1 sobre o Paysandu-PA, pelo Campeonato Brasileiro, o Botafogo jogou com uma camisa amarela, que era da Suderj (Superintendência de Desportos do Estado do Rio de Janeiro).

1977

A história das camisas do **BOTAFOGO**

1977 | **1977 | 1978** | **1978 | 1980**

1979

1980 | 1983

> Nos anos 1970, a camisa do Botafogo passou a ser confeccionada pela Adidas. Mas só em 1979 é que a marca alemã de material esportivo passa a estampar sua logomarca na camisa do clube. Antes disso, as camisas dos clubes brasileiros não podiam ter qualquer tipo de patrocínio.

1981

1982

> O Botafogo resolveu colocar quatro estrelas acima do escudo na camisa. A ideia era homenagear o tetracampeonato carioca de 1935, o único na história do clube. Nos anos 1980, vários clubes brasileiros passaram a usar estrelas nas camisas.

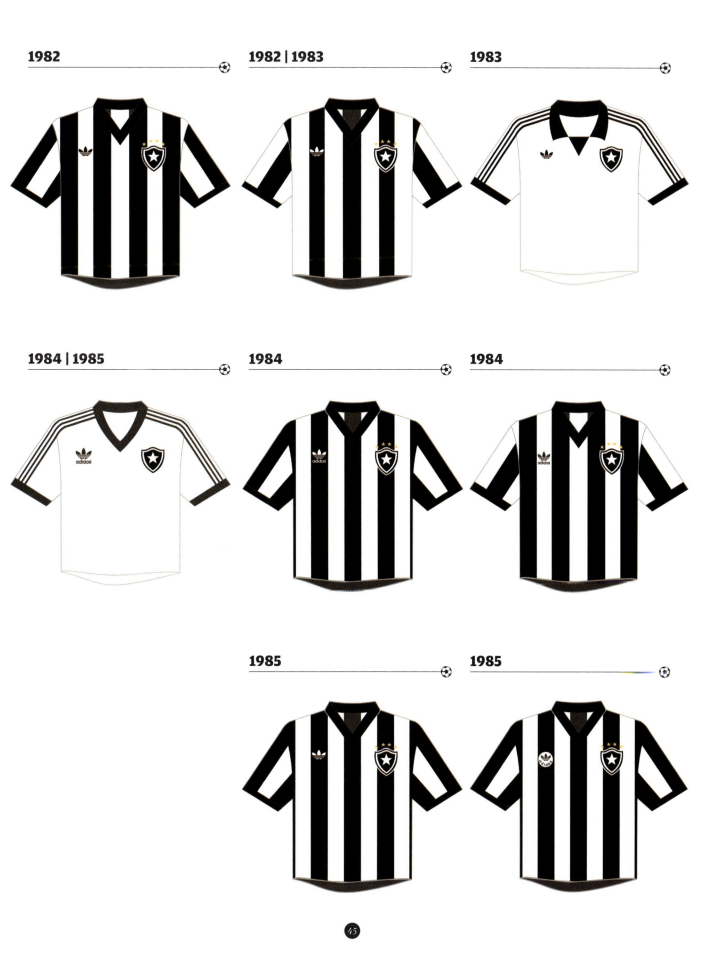

1985 | 1986

O patrocínio nas camisas dos clubes brasileiros foi liberado em 1982, mas o Botafogo só foi colocar seu primeiro patrocinador em 1985, que era a Atlantic, rede de postos de gasolina. No mesmo ano, o logo da Adidas sofreu variações na camisa.

1986 | 1987

Depois de um curto período, a camisa do Botafogo mudou de patrocinador. No lugar da Atlantic entrou a 3B•Rio, fabricante de tapetes de automóveis e utilitários. Na mesma época, a 3B•Rio também patrocinou o Vasco.

1986

1986

1986   1986   1986

A história das camisas do **BOTAFOGO**

1989 | 1991 **1989**

Em 1989, a camisa do Botafogo passou a ser confeccionada pela Umbro, que naquele ano também fazia os uniformes de Santos e Internacional. Foi com essa camisa da Umbro e patrocínio da Coca-Cola que o Fogão encerrou o jejum de 21 anos sem títulos, na conquista do Campeonato Carioca.

1989 **1989** **1989 | 1991**

1989 **1990** **1990**

A história das camisas do **BOTAFOGO**

1995 | 1996
1995
1995

1995
1996

> Pela primeira vez o Botafogo entra em campo com uma camisa preta. Em 1995, com a entrada da Finta, marca de material esportivo, o clube começa então a contar com um terceiro uniforme, além do tradicional listrado e da camisa branca.

1996
1996

> Campeão brasileiro em 1995 pela primeira vez em sua história, o Botafogo adotou, no ano seguinte, o escudeto da CBF nas mangas da camisa. No uniforme número 3, todo preto, o escudeto foi usado no peito da camisa.

1996

> No final do torneio Teresa Herrera, o Botafogo ganhou da Juventus, da Itália, no estádio Riazor, em La Coruña, na Espanha. Sem uniformes reservas, o Fogão, que tem a camisa inspirada no clube italiano, precisou pegar uma camisa emprestada e usou a do La Coruña.

1996 | 1997

1996 | 1997   1997 | 1998   1997 | 1998

1997 | 1998   1998   1998

2001 2002 2002

2002 2002 2002

2002 2002

O Botafogo criou um quarto uniforme, todo prateado. No ano anterior, o clube já havia usado o cinza na camisa branca. O quarto modelo de 2002, no entanto, não agradou e nunca mais foi utilizado.

A história das camisas do **BOTAFOGO**

2002

2002

2003

2003

2003 | 2004

Depois que o patrocínio da Golden Cross foi encerrado, o clube estampou na frente da camisa "Botafogo no Coração", nome do projeto de sócio-torcedor, criado para arrecadar fundos extras para o alvinegro. A logomarca ficou na camisa até 2005.

2003

2003

2003

A história das camisas do **BOTAFOGO**

2003 | 2003

Ainda sem patrocinador, o Botafogo usou em alguns jogos uma camisa com a logomarca da campanha Fome Zero, do governo federal, que visava levar comida à população de baixa renda do país. Outros clubes brasileiros, como o Corinthians, também ajudaram na divulgação da campanha.

2004 | 2004

A empresa italiana Kappa começa a fornecer o material esportivo para o Botafogo. Desde então, o escudo na camisa vem sem as quatro estrelas amarelas, referentes ao tetracampeonato carioca de 1935 e usada desde 1981.

2004 | 2005 | 2004

Para comemorar o centenário do clube, o Botafogo fez uma camisa inspirada no uniforme dos anos 1910. No dia 9 de setembro de 2004, a camisa foi usada no amistoso contra o Grêmio, que também usou um uniforme comemorativo. O Botafogo venceu por 4 X 1 no estádio Caio Martins.

A história das camisas do BOTAFOGO

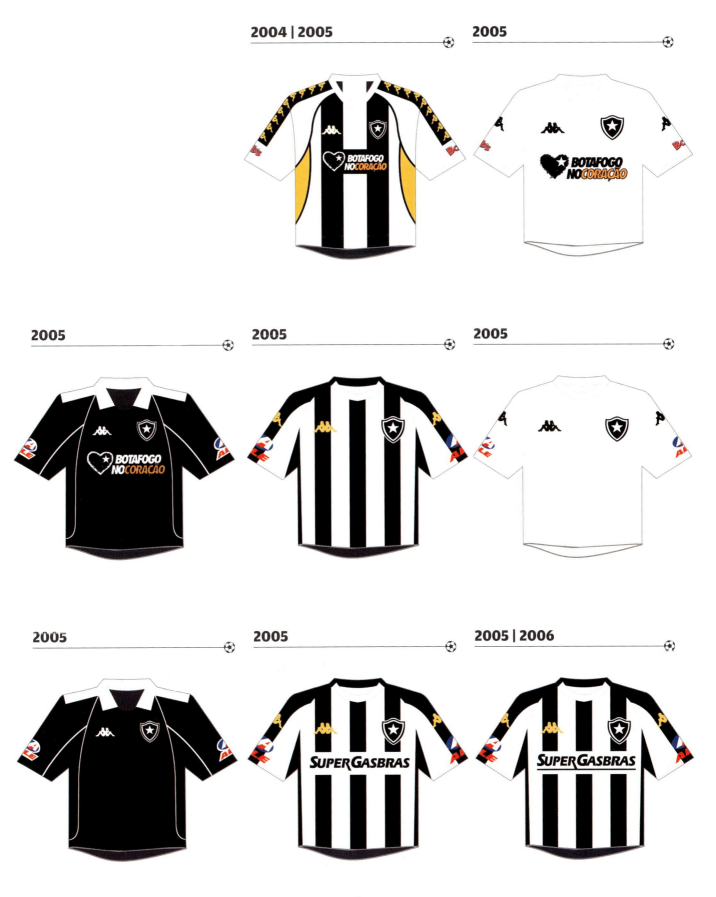

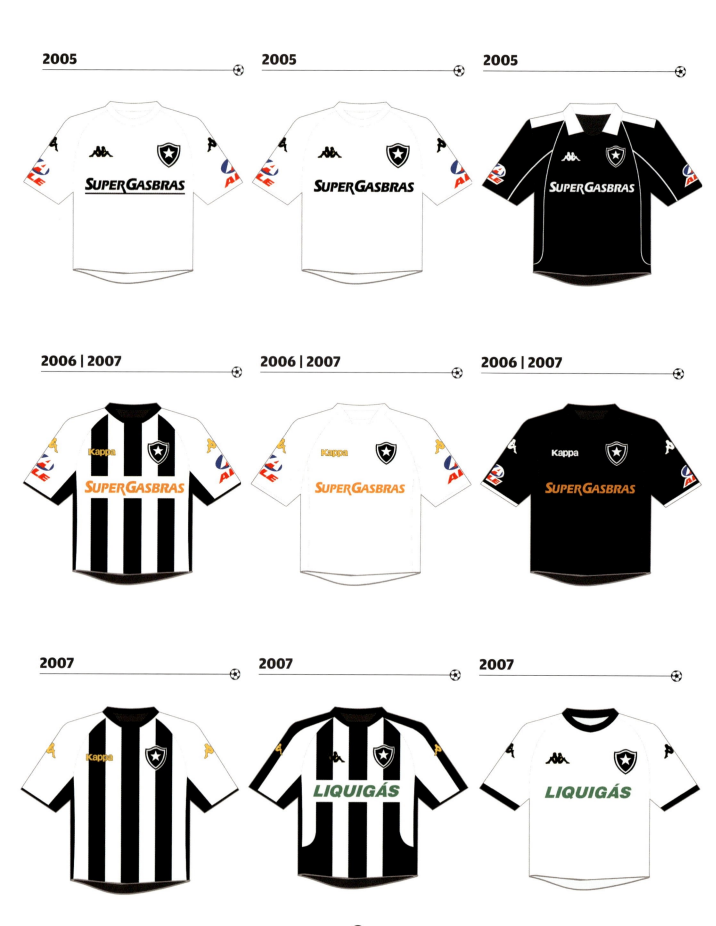

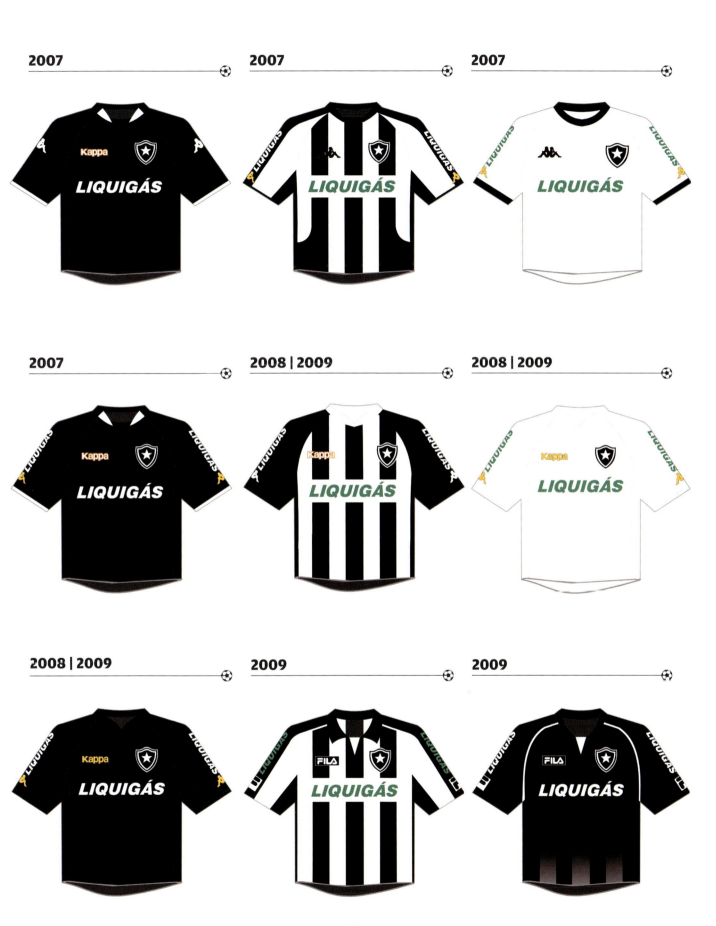

Corinthians

A camisa do Corinthians tem um significado muito importante na minha vida. Mas não é apenas pelo que eu vivi no clube. O meu amor por ele nasceu bem antes. Minha mãe me passou essa paixão. Ter vestido a camisa alvinegra não tem palavras. Essa camisa representou e continua representando tudo para mim. O que sou até hoje devo ao Sport Club Corinthians Paulista. E não porque fui ídolo lá. Muitos jogadores passaram pelo clube e até tiveram uma história mais bonita do que a minha. Mas o fato de ter ganho o primeiro Brasileiro me faz um dos jogadores mais importantes de todos os tempos. Eu me sinto um ídolo eternizado. Às vezes encontro pessoas que dizem me amar sem nunca terem me visto antes pessoalmente. Jogar pelo Corinthians não tem comparação. Já passei pelo Palmeiras e pelo São Paulo. Por isso posso afirmar que a Fiel é muito diferente. A força da camisa do Corinthians é inigualável. Como lembrança, tenho guardada a camisa da primeira partida final do Brasileiro de 1990. Justamente a preta e branca, número 2, que considero a mais bonita do clube e que tem mais a cara do Timão.

Atacante
Neto (José Ferreira Neto)
9/9/1966, Santo Antônio de Posse (SP)
Jogou no Corinthians de 1989 a 1993 e de 1996 a 1997,
e conquistou os seguintes títulos pelo clube: Brasileiro
(1990) e Paulista (1997)

A história das camisas do **CORINTHIANS**

1910

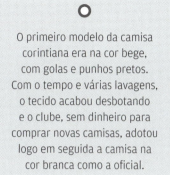

O primeiro modelo da camisa corintiana era na cor bege, com golas e punhos pretos. Com o tempo e várias lavagens, o tecido acabou desbotando e o clube, sem dinheiro para comprar novas camisas, adotou logo em seguida a camisa na cor branca como a oficial.

1911 | 1912

1913

1914

1914 | 1916

1917

1918

1919

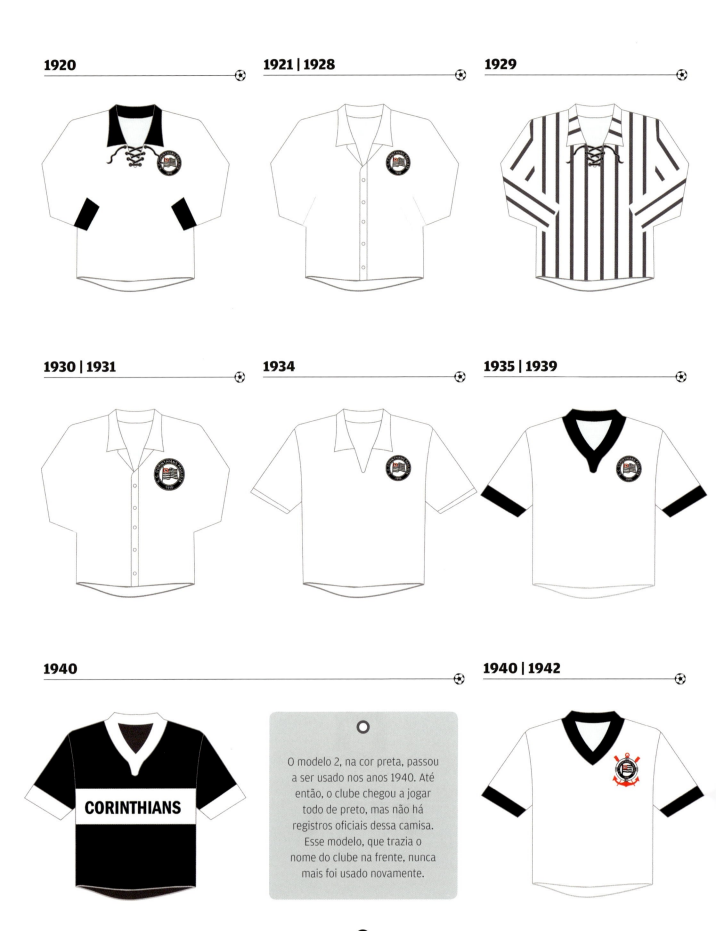

A história das camisas do **CORINTHIANS**

1963 | 1969

1965

No dia 16 de novembro de 1965, o Corinthians representou a Seleção Brasileira no amistoso contra o Arsenal, em Londres, na Inglaterra. Mesmo com Rivelino, Dino Sani e Flávio, o time brasileiro não resistiu à temperatura de três graus negativos e foi derrotado por 2 X 0.

1969

1970 | 1971

No dia 11 de fevereiro de 1969, o Corinthians enfrentou o Universitário, em Lima (Peru), e precisou usar uma camisa diferenciada, escolhida às pressas. Sem uniforme reserva, o clube brasileiro precisou improvisar. Pelo menos deu sorte: o time ganhou por 5 X 2.

1970 | 1971

1971 | 1972

Esta camisa branca com pequenas listras pretas voltou duas vezes: em 1973 e em 2007. Algumas pessoas associam esse modelo à época em que o clube foi apelidado de "Faz--Me-Rir", em referência a um sucesso musical de Edith Veiga. A música, porém, é de 1961.

1982

Na final do Campeonato Paulista de 1982, o Corinthians usou pela primeira vez um patrocinador em sua camisa. A marca Bombril foi estampada só nas costas da camisa 2. No ano seguinte, em 1983, o clube passou a colocar patrocínio na parte da frente da camisa.

1982

Em novembro de 1982, às vésperas da eleição direta para governador, o Corinthians entrou em campo com a inscrição "Dia 15 vote", incentivando os eleitores para irem às urnas votar. A ideia dessa campanha foi do publicitário corintiano Washington Olivetto.

1982

1982

1982 | 1983

1982 | 1983

Em 1982, o Corinthians estampou "Democracia Corinthiana" em referência ao movimento criado pelo presidente Waldemar Pires e pelo diretor de futebol Adílson Monteiro Alves. Na época, toda decisão no elenco era feita por votação entre os próprios jogadores.

1982 | 1983

1982 | 1984

1983

1983

1983

1983

1984

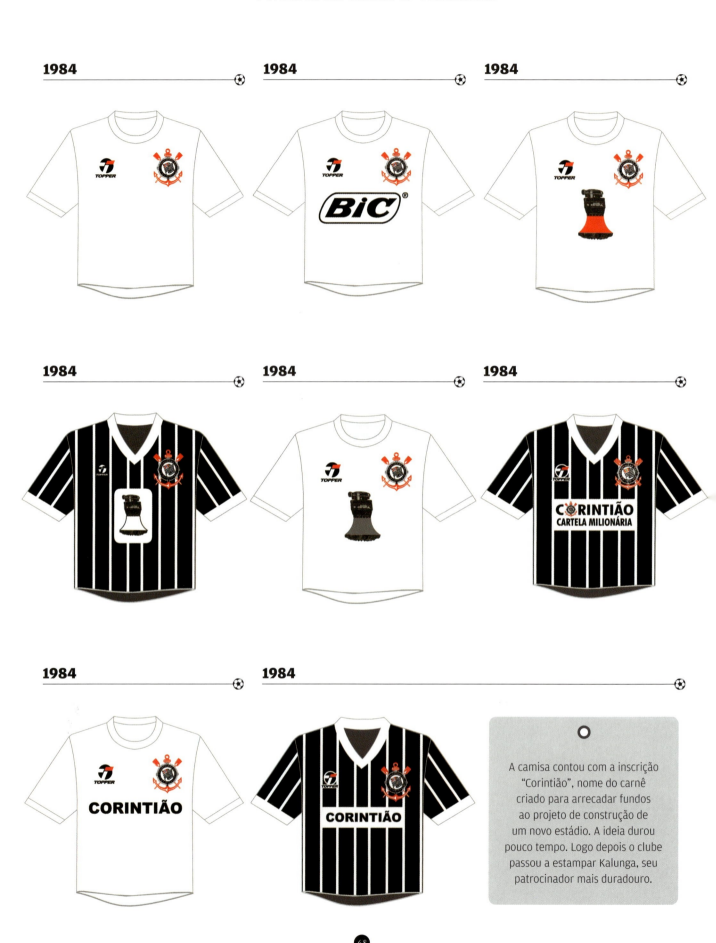

1985 — **1985** — **1985**

1985 — **1985**

1985 — **1985**

No dia 26 de setembro, no empate de 0 X 0 com a Ferroviária, no Pacaembu, o Corinthians usou um modelo comemorativo aos 75 anos do clube (Jubileu de Diamante). A camisa era uma alusão aos primeiros modelos utilizados pelo clube no início dos anos 1910.

1985 | 1986

1987

1986 | 1988

1988 | 1989

1988 | 1989

Campeão Paulista de 1988, o Corinthians usou pela primeira vez um escudeto na manga da camisa. A ideia da Federação Paulista começou justamente naquele ano.

1989

1990

1990

1991

Para celebrar o título brasileiro de 1990, o Corinthians criou uma estrela acima do escudo. Em 1999, o clube adotou a segunda estrela. Em 2000, colocou a terceira e depois, acima de todas, mais uma em referência ao título do mundial. Em 2006 entrou a quinta estrela.

1991

1991

1992

1992

1992

No início de agosto de 1992, o Corinthians excursionou ao Japão para fazer dois amistosos contra o Nagoya Gramphus Eight (empatou um jogo em 1 X 1 e ganhou outro por 5 X 1). Nessas partidas, o clube utilizou uma camisa com o patrocínio da Kalunga escrito em japonês.

1993

A história das camisas do **CORINTHIANS**

1993

1993

1993 | 1994

1994

1995

1995

1995

1995

1996

O Corinthians inovou ao criar os uniformes 3 e 4 para jogos internacionais. O clube encomendou o desenho das camisas ao estilista francês Ted Lapidus. Essas camisas foram usadas na antiga Copa Conmebol e na Copa Libertadores daquele ano.

1996 1997 1997

1997 1997 1997

A história das camisas do **CORINTHIANS**

A história das camisas do **CORINTHIANS**

1999

Depois do modelo "francês" de 1996, o Corinthians voltou a usar um terceiro uniforme. A camisa preta, com detalhes cinza, foi utilizada durante a Copa Mercosul de 1999. No torneio, o Corinthians chegou às quartas de final. Depois disso, a camisa não foi mais usada.

2000

2000

No primeiro Mundial de Clubes da Fifa, o Corinthians, então bicampeão brasileiro, criou um modelo novo, desenvolvido e utilizado exclusivamente para o torneio, no qual o time foi campeão. O escudo passou para o meio da camisa pela primeira vez.

2000

2000

2000

2000

75

A história das camisas do **CORINTHIANS**

2001 | 2002 **2002** **2002**

2002 **2002**

2002 **2002**

> Em 2002, o Corinthians criou um modelo em homenagem aos 25 anos (Jubileu de Prata) do título paulista de 1977, que encerrou um jejum de 22 anos sem conquistas. A ideia foi cobrir de prata a camisa 2, listrada, utilizada na noite de 13 de outubro de 1977, na final contra a Ponte Preta.

A história das camisas do **CORINTHIANS**

2004

2004

2004

2004

2004

2005

2005

2005

Esse modelo foi usado apenas uma vez, na partida contra o Figueirense pela Copa do Brasil, 2 X 2, dia 20 de abril de 2005, no Pacaembu. Sem patrocinador na época, o clube aproveitou para ajudar na campanha contra o racismo em várias situações, inclusive no futebol.

A história das camisas do CORINTHIANS

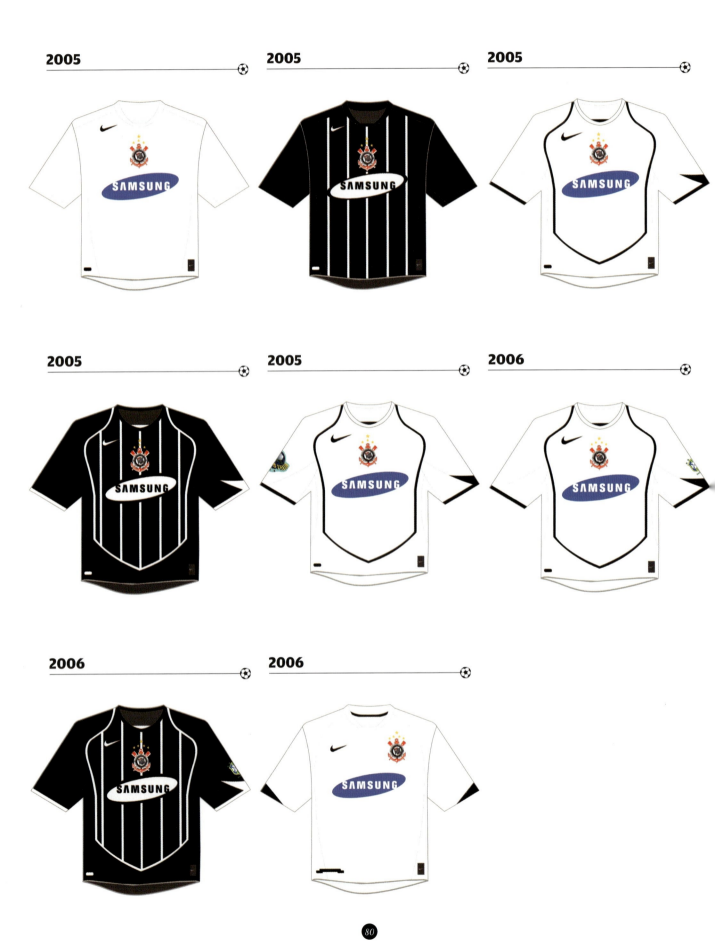

A história das camisas do **CORINTHIANS**

2006

Na Copa Libertadores de 2006, o Corinthians estreou sua camisa com listras douradas, para jogos internacionais. Porém, a traumática eliminação para o River Plate-ARG nas oitavas de final da competição fez o clube aposentar a camisa.

2006

2007

2007

2007

O Corinthians resolveu criar um terceiro uniforme, resgatando o antigo modelo usado entre 1971 e 1973. A camisa, porém, remetia a uma época crítica, em que o clube ficou na fila de títulos, e coincidiu com o ano em que o clube foi rebaixado no Brasileirão.

2008

A história das camisas do **CORINTHIANS**

2008

2008

Para aproveitar a fase do "Eu nunca vou te abandonar", foi lançada uma camisa roxa em homenagem aos corintianos roxos, fanáticos pelo clube. Apesar de fugir do tradicional, a camisa foi bem-aceita pelos torcedores. Mesmo assim, foi pouco utilizada em jogos oficiais.

2008

2008

2008

2008

2008

No jogo contra o Avaí, em 22 de novembro de 2008, quando o Corinthians sagrou-se campeão da Série B, o clube usou uma camisa inovadora. Em cada uma das camisas dos jogadores de linha, foram colocadas quatrocentas fotos de torcedores, que pagaram pelo espaço.

2009 2009 2009

2009

2009

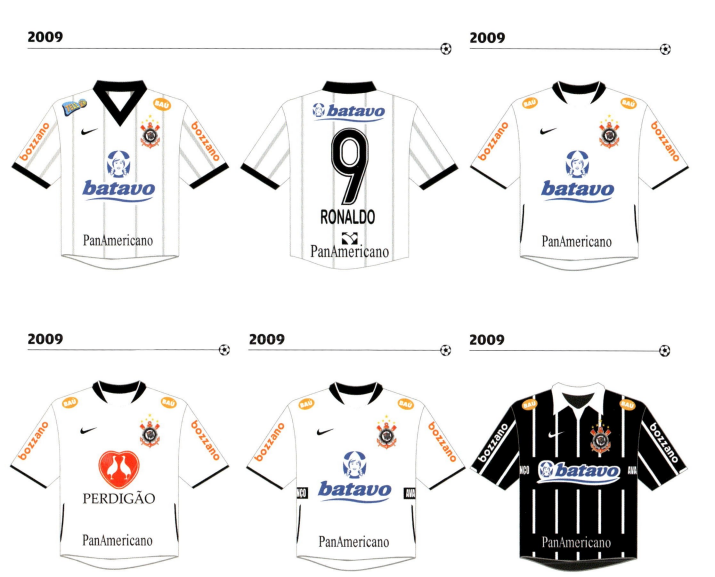

Cruzeiro

Até hoje falo sempre com muito orgulho da camisa do Cruzeiro. Foi com ela que pude realizar um sonho de infância e construir toda minha vida profissional. Essa camisa tem uma importância muito grande não só para mim, mas para todos aqueles que já puderam vesti-la ou para aqueles que torcem, como eu, pelo clube. Eu cresci no Cruzeiro no início dos anos 1960 – na época, uma equipe que estava em ascensão. Tive a chance de ser campeão diversas vezes, ser o maior artilheiro da história e chegar à Seleção Brasileira atuando pelo clube. Sou eternamente grato por tudo o que vivi lá dentro. Difícil dizer qual foi a camisa mais bonita; guardo na memória aquela camisa azul, gola em V, sem patrocínio, sem nada. Apenas com as cinco estrelas. Acho que os modelos de hoje são até mais elaborados, com desenhos diferentes e ótimos tecidos. Mas a lembrança daquela camisa simples é marcante. Durante minha carreira profissional acabei dando quase todas as camisas importantes que usei. Guardo com carinho em casa um único modelo que restou, do título Mineiro de 1968.

Atacante
Tostão (Eduardo Gonçalves de Andrade)
25/1/1947, Belo Horizonte (MG)
Jogou no Cruzeiro de 1964 a 1971 e conquistou os
seguintes títulos pelo clube: Taça Brasil (1966) e Mineiro
(1965/66/67/68)

A história das camisas do **CRUZEIRO**

1921

1922

> Vários desportistas da colônia italiana de Belo Horizonte fundaram no dia 2 de janeiro de 1921 a Societá Sportiva Palestra Italia. As cores adotadas pelo Palestra foram as mesmas da bandeira italiana, mas o primeiro uniforme foi improvisado, com camisa verde, calção branco e meias vermelhas.

1923 | 1928

1929 | 1931

1931 | 1936

1936 | 1939

1940 | 1941

1941 | 1942

A história das camisas do **CRUZEIRO**

1942 | 1943

1943

> O Brasil declarou guerra aos países do eixo nazifascista (Alemanha, Itália e Japão) e uma lei proibiu entidades de terem nomes ligados a esses países. Assim, o Palestra Italia virou Cruzeiro Esporte Clube no dia 8/10/1942. A estreia da camisa azul, porém, foi no dia 21/2/1943.

1944 | 1948

1949 | 1953

1950 | 1953

1954 | 1959

1954 | 1959

A história das camisas do **CRUZEIRO**

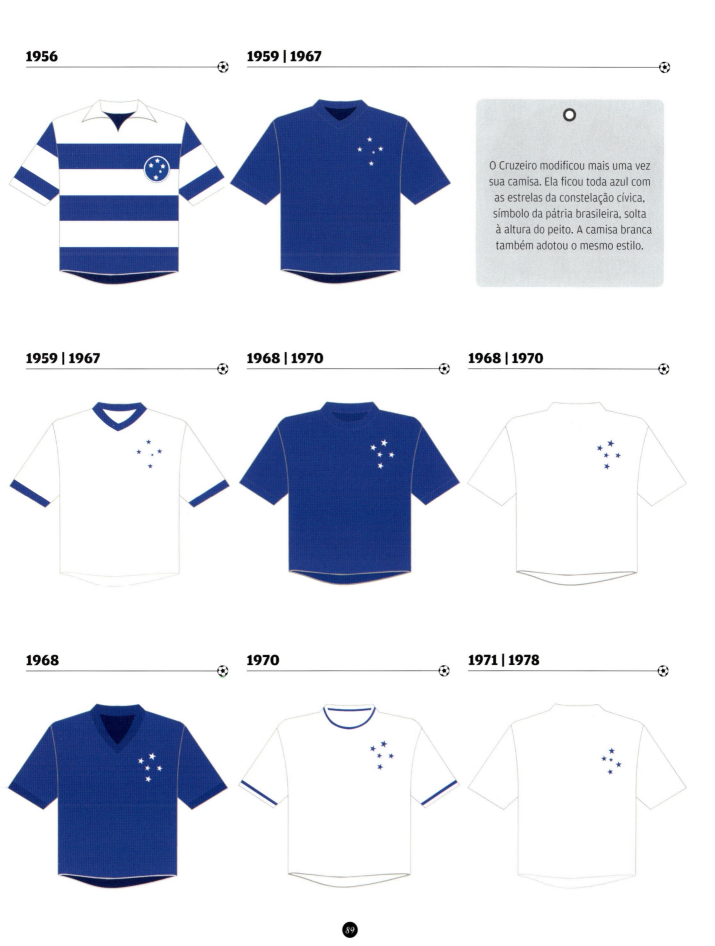

1956

1959 | 1967

O Cruzeiro modificou mais uma vez sua camisa. Ela ficou toda azul com as estrelas da constelação cívica, símbolo da pátria brasileira, solta à altura do peito. A camisa branca também adotou o mesmo estilo.

1959 | 1967

1968 | 1970

1968 | 1970

1968

1970

1971 | 1978

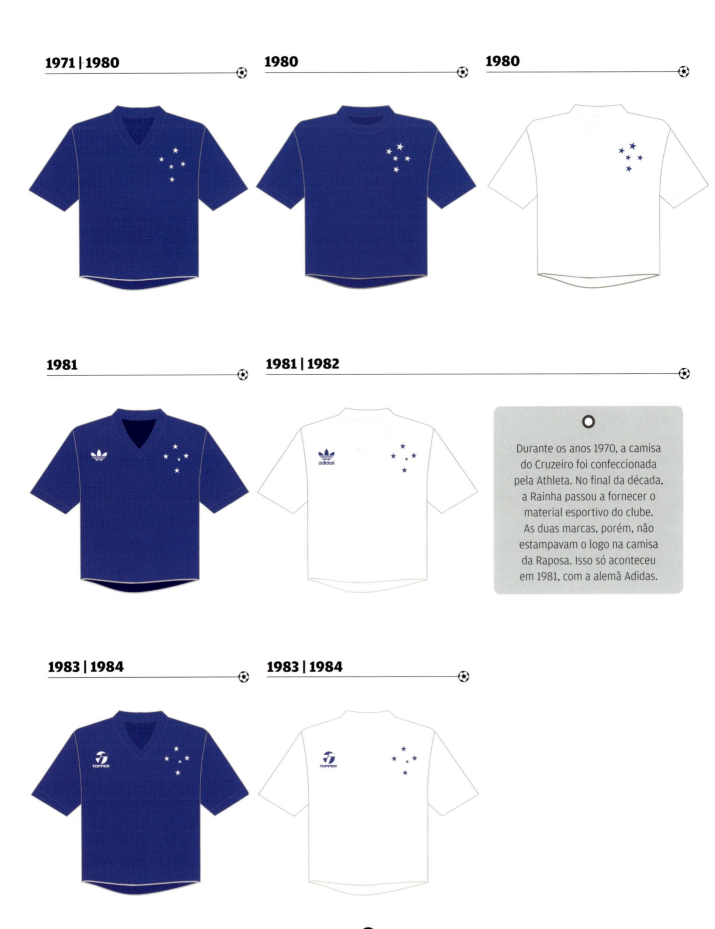

A história das camisas do **CRUZEIRO**

1984

O Cruzeiro foi um dos últimos dos grandes clubes brasileiros a colocar patrocinador na camisa. A primeira empresa a estampar sua logomarca na camisa da Raposa foi a rede de varejo Medradão. Pouco depois, o clube foi patrocinado pelo Banco de Desenvolvimento de Minas Gerais (BDMG).

1984   1985   1985

1986 | 1987   1986 | 1987

Na Copa União de 1987, o Cruzeiro, por superstição, utilizou a camisa branca como a principal durante a competição. A iniciativa não foi a única na história do clube. Jogando de branco, o Cruzeiro conquistou a Taça Brasil de 1966, a Copa do Brasil de 1993 e o Mineiro de 1984, que quebrou a série de seis títulos do rival Atlético.

A história das camisas do **CRUZEIRO**

1994 — **1994** — **1995**

1995 — **1995** — **1996**

1996 — **1996**

> Na década de 1990, o Cruzeiro deu início à produção de um terceiro uniforme, com camisas alternativas para jogos internacionais, seguindo um padrão mundial. A primeira camisa dessa linha, no entanto, não agradou muito. Com divisão vertical e diversas linhas curvas, nunca mais foi usada.

A história das camisas do **CRUZEIRO**

1997

1997

1997

Na disputa da final do Mundial Interclubes, contra o Borussia Dortmund-ALE, o Cruzeiro jogou sem patrocinador, com uma faixa branca sobre os ombros e estrelas espalhadas pelo uniforme. A camisa, apesar de bonita, não trouxe sorte e a Raposa perdeu o título mundial.

1997

1997

1997

1997

A história das camisas do **CRUZEIRO**

1997

1998

O Cruzeiro colocou um escudeto pela primeira vez em sua camisa. Para comemorar o título do bicampeonato da Copa Libertadores, em 1997, a Raposa estampou o símbolo da Confederação Sul-Americana de Futebol (Conmebol) no peito.

1998   **1998**   **1998**

1999

Na disputa da extinta Copa Mercosul, o Cruzeiro resgatou o escudo na camisa e o colocou no centro, na altura do peito. Naquele torneio, a Raposa chegou à decisão, mas acabou sendo derrotada pelo Palmeiras na final.

A história das camisas do CRUZEIRO

2002 | 2003

2002

O Cruzeiro inicia 2002 com um modelo novo, com a volta das estrelas soltas no lado esquerdo do peito. Durante duas temporadas (2000 e 2001), o clube só jogou com camisas com o seu distintivo oficial, um círculo com as estrelas por dentro.

2002

2002

2002

2003

2003

2003

A história das camisas do **CRUZEIRO**

2003

2003 | 2004

> Em 2003, o Cruzeiro colocou acima dos escudos duas taças que se referem às conquistas da Copa Libertadores da América de 1976 e 1997 – as duas maiores da história do time.

2004

> Com o título do Campeonato Brasileiro de 2003, o Cruzeiro conquistou a tríplice coroa na temporada, pois já havia sido campeão mineiro e da Copa do Brasil. Para celebrar o feito inédito no futebol brasileiro, o time adotou uma coroa acima do escudo.

2004

2004

2004 | 2005

> Na disputa da Copa Libertadores de 2004, o Cruzeiro utilizou um modelo de camisa especial para a competição, na cor azul-celeste. Além dos troféus e da coroa acima do escudo, a camisa vinha com o escudeto da CBF (referente ao título Brasileiro de 2003) e mais duas estrelas, que celebravam as duas conquistas da Libertadores (1976 e 1997).

A história das camisas do **CRUZEIRO**

A história das camisas do CRUZEIRO

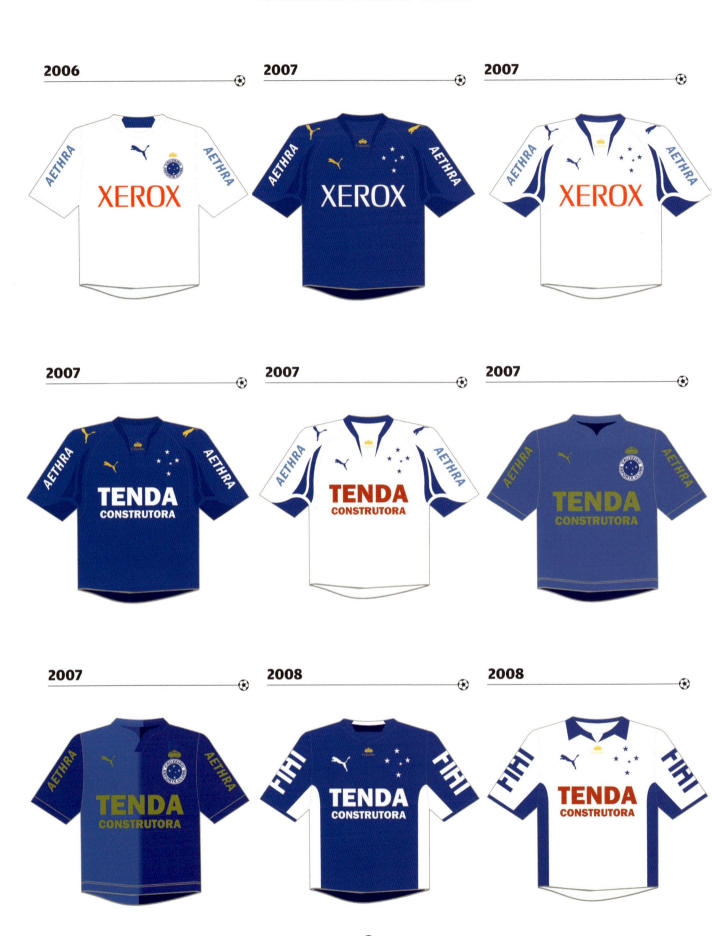

A história das camisas do **CRUZEIRO**

2008

2009

A Puma deixa de ser a fornecedora de material esportivo e dá lugar à Reebok. Antes do lançamento da camisa, o Cruzeiro realizou uma pesquisa na internet para saber se o torcedor queria um modelo com o escudo ou as estrelas soltas. Venceu a segunda opção, com 72,6% dos votos.

2009

2009

2009

2009

2009

2009

A história das camisas do **CRUZEIRO**

2009 **2009**

2009 **2009**

Flamengo

Vestir a camisa 10 do Flamengo, que foi do meu ídolo Dida, era meu sonho de infância. Era o que imaginava quando via da arquibancada o time jogar. Quando realizei o sonho, vesti a camisa rubro-negra como se fosse uma continuação do meu corpo. Acho que é esse o significado: a camisa do Flamengo faz parte de mim. É uma marca que fica para sempre. Nunca pensei em superar ninguém, apesar de me espelhar no Dida. Queria mesmo era jogar, ajudar o time, fazer quantos gols eu pudesse e ver sempre o Flamengo vencer. Sabia que o resto viria como consequência, e que o esforço do meu trabalho seria recompensado. Meu maior orgulho é ter ajudado o meu time do coração a conquistar tantos títulos, entre eles os mais importantes de sua história. A camisa branca de 1981, da conquista do Mundial Interclubes, é a mais marcante para mim. Aquele modelo selou uma fase incrível de títulos do Flamengo. Jogar com aquela camisa rubro-negra é contagiante.

Meia
Zico (Arthur Antunes Coimbra)
3/3/1953, Rio de Janeiro (RJ)
Jogou no Flamengo de 1971 a 1983 e de 1985 a 1989, e conquistou os seguintes títulos pelo clube: Mundial Interclubes (1981), Copa Libertadores (1981), Brasileiro (1980/82/83/87) e Carioca (1972/74/78/79/79 Especial/81/86)

A história das camisas do **FLAMENGO**

1912 | 1913

O Flamengo nasceu como clube de remo em 1895, mas só iniciou a prática do futebol em 1912. Nessa época, a camisa de listras rubro-negras já existia, mas os remadores não deixaram que o futebol a utilizasse. A saída, então, foi jogar com a camisa quadriculada, apelidada de Papagaio de Vintém, pois lembrava papagaios (pipas).

1914 | 1915

Ainda sem a permissão do departamento de remo, a camisa de futebol do Flamengo ganhou pequenas listras horizontais brancas e foi apelidada de cobra-coral. Como lembrava as cores da bandeira da Alemanha, protagonista da Primeira Guerra Mundial, a camisa foi apo-sentada em 1916.

1916 | 1931

O presidente Raul Ferreira Serpa convence os remadores e o Flamengo passa a jogar com a camisa rubro-negra listrada. A estreia foi no dia 4 de junho, na vitória por 3 X 1 sobre o São Bento, da capital paulista, que marcou também a inauguração do estádio da rua Paysandu.

1919

A história das camisas do **FLAMENGO**

1932 | 1935

1936 | 1938

1939 | 1958

1939 | 1942

1940 | 1943

> Por sugestão do técnico húngaro Dori Krueschner, o Flamengo passou a utilizar a camisa branca a partir de 1938. O treinador alegou que o uniforme claro era mais fácil de ser distinguido em jogos noturnos.

1944 | 1951

1952 | 1964

1959 | 1969

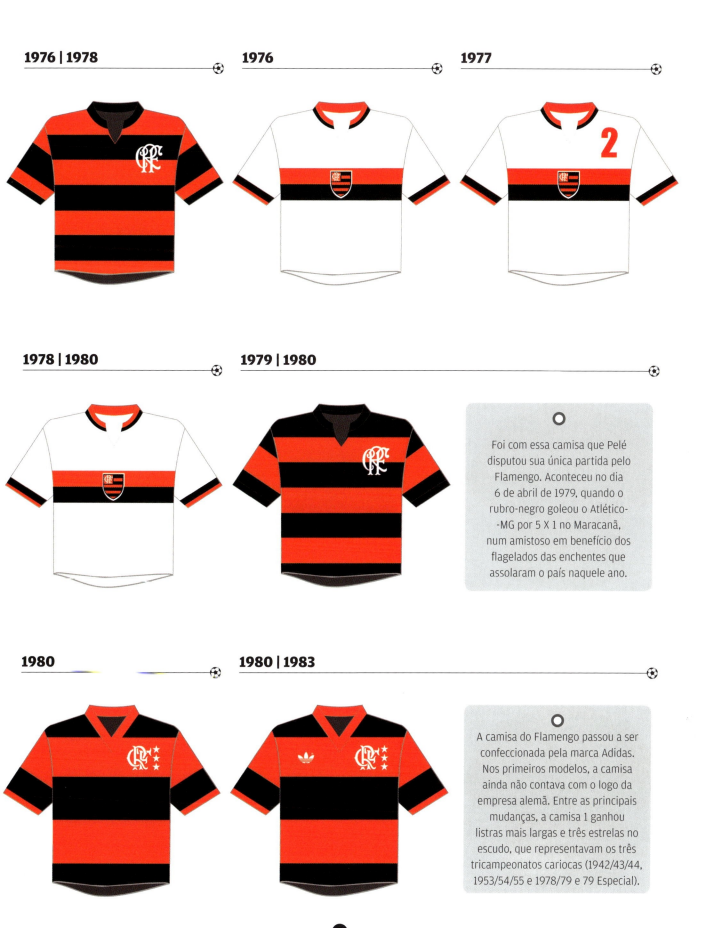

A história das camisas do **FLAMENGO**

1980 | 1983 **1980 | 1983**

> A camisa branca, da Adidas, ganhou um novo desenho, com a parte de cima vermelha e faixas pretas e vermelhas. A camisa de manga longa, usada nos 3 X 0 sobre o Liverpool, da Inglaterra, na decisão do Mundial Interclubes de 1981, ficou imortalizada.

1983 **1983**

1984 **1984**

> O Flamengo inovou ao colocar uma réplica da Taça Brasil, nome do Campeonato Brasileiro na época, na parte da frente da camisa, como um escudeto. A taça representava a conquista do tricampeonato nacional (1980/82/83), mas logo foi retirada da camisa.

A história das camisas do **FLAMENGO**

1984 | 1985　　　　　**1985**　　　　　**1985 | 1986**

1985 | 1987　　　　　**1986 | 1987**

1986　　　　　　　　　　　　　　　**1987 | 1991**

O Flamengo comemorou noventa anos de sua fundação. Uma das ações do clube para celebrar a data foi colocar um logo comemorativo na manga da camisa. Porém, foram raras as aparições da camisa com essa imagem.

A história das camisas do **FLAMENGO**

1987 | 1987

> Em maio, o Flamengo enviou para Tóquio, no Japão, uma equipe mista para disputar a Copa Kirim, torneio realizado pela maior cervejaria japonesa. Com Zico em campo, por contrato, o Flamengo venceu a Copa ao derrotar o Bayer Leverkusen-ALE na final. Na camisa, abaixo do escudo, o nome da competição.

1988 | 1991 — 1992

> Depois de 12 anos, o Flamengo trocou seu fornecedor de material esportivo. No segundo semestre, depois da conquista do pentacampeonato brasileiro, saiu a Adidas e entrou a Umbro. A empresa inglesa, no início, usou o mesmo modelo da Adidas. Depois, porém, deu início a uma série de novos modelos.

1992 | 1992 | 1993

A história das camisas do **FLAMENGO**

1993

1993

A Umbro apresenta grandes novidades nos modelos de 1993. Na camisa número 1, voltam as listras finas horizontais. No modelo número 2, a grande mudança está na volta das listras no centro da camisa e também do escudo no lugar das iniciais CRF no peito.

1993

1993

Outra novidade em 1993 é o escudeto da CBF na camisa do Flamengo. O logo representando o título do Campeonato Brasileiro de 1992 é estampado nas duas mangas das camisas modelo 1 e 2.

1993 | 1994

1994

1994

A história das camisas do **FLAMENGO**

1994

Antes mesmo de completar seu centenário, o Flamengo já preparava a festa no ano anterior. Assim, em 1994, lançou a camisa com o símbolo dos cem anos de fundação do clube. O logo foi usado até o início de 1996.

1995

1995

1995

Para celebrar os cem anos de história, o Flamengo lançou camisas comemorativas. Uma delas foi a Papagaio de Vintém, réplica da camisa de estreia do Flamengo, em 1912. O modelo, porém, deu azar. Em nove jogos com a camisa quadriculada, foram quatro empates e cinco derrotas.

1995

1996

O Flamengo inova e coloca as iniciais CRF entrelaçadas na camisa dentro de um escudo vermelho, no peito da camisa. No ano seguinte, as iniciais vêm dentro de um círculo vermelho.

A história das camisas do **FLAMENGO**

1996

1996

1996

A camisa do Flamengo passou a ganhar logotipos. Na altura dos ombros, o logo da campanha Sou Sócio, que buscava associados para o clube. Teve também a logomarca da prefeitura do Rio de Janeiro.

1996

1996

1996

1996

1996

Depois de 12 anos apenas com o patrocínio da Lubrax (na frente e nas costas), a camisa do Flamengo sofreu mudanças. Na parte de trás, entrou o nome Petrobras. Na frente, o logo BR, também da Petrobras. Nesse ano a camisa ganhou ainda escudos estampados no tecido.

1997 | 1997 | 1997

1998 | 1999

O Flamengo volta a colocar as iniciais CRF entrelaçadas no peito da camisa. Elas deixam de ficar dentro de um outro escudo. No modelo 2, o logo do clube vem com bordas vermelhas.

1998

1999

1999

O Flamengo dá início à produção de um terceiro uniforme. O primeiro deles vem com a cor preta predominante, com o escudo centralizado. O novo uniforme foi usado apenas duas vezes, mas deu sorte ao rubro-negro, que ganhou as duas partidas.

2000

A camisa do Flamengo deixa de ser confeccionada pela Umbro com a entrada da Nike. A manga fica toda preta, a gola fica redonda e pela primeira vez o escudo entra no lugar das iniciais CRF. Acima do escudo, quatro estrelas (quatro tricampeonatos estaduais), e uma dourada (Mundial de 1981).

2000

A história das camisas do **FLAMENGO**

A Nike lança um modelo de camisa 3 para o Flamengo. Dessa vez, a cor vermelha foi predominante. O modelo vermelho permaneceu em 2001, mas, depois de uma série de maus resultados (um empate e quatro derrotas), ele foi aposentado.

A história das camisas do **FLAMENGO**

2001 — **2001** — **2002 | 2004**

2003 — **2003** — **2003**

2004 — **2004**

O Flamengo resgata as iniciais CRF entrelaçadas na camisa. O escudo do clube entra apenas na camisa reserva, modelo 2. Outra novidade na camisa é a manga toda vermelha e apenas uma estrela acima do escudo (homenagem ao título Mundial de 1981).

A história das camisas do **FLAMENGO**

2006

2007

2007

2007

2007

> Em 2007, a Nike procurou criar uniformes na linha retrô e resgatou modelos que fizeram sucesso nos anos 1980. A camisa principal ficou com faixas horizontais maiores. Já a camisa 2 copiou o modelo usado na final do Mundial Interclubes de 1981.

2007

2008

> Durante o Campeonato Brasileiro, o Flamengo protagonizou uma batalha com a Nike por causa do contrato de patrocínio. Assim, entrou em campo com uma camisa com pontos de interrogação no lugar do símbolo da Nike. Pouco depois, porém, o clube teve que voltar atrás.

2008 | 2009

2008 | 2009

No modelo 2008/2009, a camisa principal do Flamengo voltou a contar com listras horizontais finas e até detalhes dourados na gola e nas mangas. Depois de estrear com derrotas, o clube chegou a anunciar que não usaria mais o modelo. Novamente voltou atrás.

2009

2009

Fluminense

Comecei minha carreira no Fluminense ainda juvenil, e tenho um carinho enorme pelo clube e por sua camisa. Com 15 anos me profissionalizei nas Laranjeiras e logo me tornei titular da equipe. Fui campeão carioca em 1964 e cheguei à Seleção Brasileira atuando pelo Fluminense. Por isso devo tanto a esse clube. Tenho o maior orgulho de ter começado minha vida profissional lá. Com vinte anos, saí do Flu pela primeira vez e fui para o Santos, onde fiquei até 1974. Depois disso, voltei ao Rio de Janeiro e fui recebido com o maior carinho nas Laranjeiras. Foi muito gratificante retornar depois de dez anos, ainda mais numa equipe fantástica, montada pelo presidente Francisco Horta. Voltei como capitão do time, fui campeão estadual novamente e fechei minha segunda passagem pelo Tricolor em grande estilo. Infelizmente não tenho recordações materiais dessa época. As camisas eram raras naquele tempo e não podíamos guardá-las ou trocá-las depois do jogo. Mas tenho lembranças muito boas ainda. Principalmente da camisa listrada. Na minha época, a camisa do Fluminense era autêntica, com as cores tradicionais do clube: o grená, o verde e a listra branca bem fininha.

Lateral direito
Carlos Alberto Torres
17/7/1944, Rio de Janeiro (RJ)
Jogou no Fluminense de 1963 a 1965 e de 1974 a 1977, e conquistou os seguintes títulos pelo clube: Carioca (1963, 1975 e 1976)

A história das camisas do **FLUMINENSE**

1902 | 1904

Quando foi fundado, em 21 de julho de 1902, o Fluminense tinha o cinza e o branco como cores oficiais. A camisa foi usada no jogo de estreia, no dia 19 de outubro de 1902: 8 X 0 sobre o Rio Football Club-RJ. Em 1904, ela precisou ser aposentada, já que o tecido cinza era raro na época.

1905

No dia 7 de maio de 1905, o Fluminense entrou em campo pela primeira vez com sua camisa Tricolor, nas cores grená, verde e branca. O uniforme novo deu sorte. O clube venceu o amistoso contra o Rio Cricket por 7 X 1.

1906 | 1912

1907 | 1908

O Fluminense é um dos primeiros clubes do Brasil a adotar um segundo uniforme. O modelo criado tinha a cor branca como predominante e duas faixas diagonais. Essa camisa, porém, foi utilizada por pouco tempo.

1909 | 1918

A história das camisas do **FLUMINENSE**

A história das camisas do **FLUMINENSE**

A história das camisas do **FLUMINENSE**

1979

A partir de 1979, o Fluminense passa a estampar em suas camisas o logotipo da marca do fornecedor de material esportivo. A Adidas, empresa alemã, foi a primeira a colocar sua marca e ficou até 1980. Em 1996, voltou a patrocinar o Tricolor e continua até hoje.

1979

1979 | 1980

1980

No início da década de 1980, as camisas do Fluminense foram confeccionadas pela marca francesa Le Coq Sportif, que na época chegou a fazer os uniformes do São Paulo e da Seleção da França. Com essa camisa o Flu conquistou o tricampeonato carioca em 1985 e o título Brasileiro em 1984.

1980

1981

1982

A história das camisas do **FLUMINENSE**

1982

1983

1983 | 1984

1983

Pela primeira vez, o Fluminense colocou o nome do clube na camisa. Porém, apenas na parte de trás e somente no uniforme 2, todo branco. Essa camisa, no entanto, foi utilizada poucas vezes. Nos anos seguintes o espaço passou a ser usado por patrocinadores.

1984

1984

Desde 1982, o patrocínio nas camisas dos clubes de futebol brasileiros passou a ser liberado pelo Conselho Nacional de Desportos (CND) - órgão do governo que regulamentava o esporte. O Fluminense, no entanto, só contou com um patrocinador em 1984. Foi a Mondaine, fabricante de relógios.

1984

1984

> No Campeonato Brasileiro de 1984, o Fluminense passou praticamente o torneio todo sem patrocínio na camisa. Somente na decisão do campeonato, contra o Vasco, o clube passou a contar com um patrocinador, o extinto Banco Nacional.

1984

1985

1985

1985

1985

1985

A história das camisas do **FLUMINENSE**

1985 **1985**

1985

Depois da conquista do inédito título do Campeonato Brasileiro, o Fluminense usou um escudeto da CBF para celebrar a conquista, seguindo um padrão do futebol italiano.

1986 **1986**

Entre 1986 e 1991, o Fluminense passou a usar três estrelas douradas na camisa em homenagem aos três tricampeonatos cariocas (1917/18/19, 1936/37/38 e 1983/84/85). No uniforme 2, todo branco, as estrelas acima do escudo eram verdes.

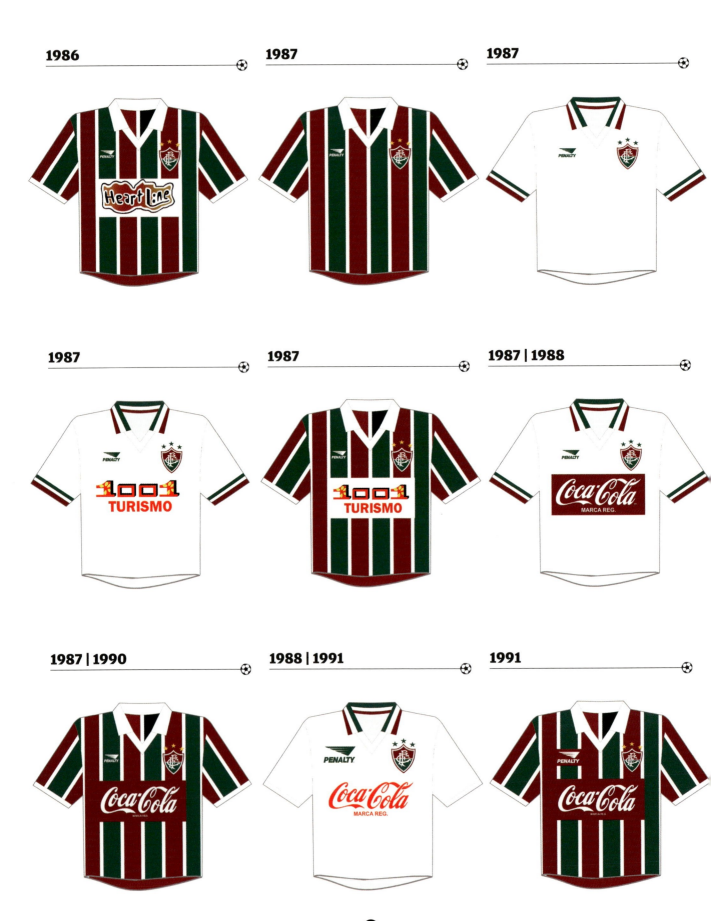

A história das camisas do **FLUMINENSE**

1991

1991

1992

> Entre 1992 e 1995, o Tricolor adota mais duas estrelas acima do escudo, em referência a dois títulos nacionais (Torneio Roberto Gomes Pedrosa, a Taça de Prata, de 1970, e o Campeonato Brasileiro de 1984). Em alguns modelos, as estrelas apareciam todas douradas.

1992

1992 | 1994

1993

1994 | 1995

A história das camisas do **FLUMINENSE**

1994 | 1995 **1995**

1995

De 1986 a 1994, a camisa do Fluminense foi feita pela Penalty. Entre 1994 e 1996, pela Reebok. E foi com um desses modelos de camisas da Reebok, em 1995, que o Fluminense conquistou o título carioca, encerrando um jejum de dez anos sem títulos.

1995 **1996**

Em 1995, durante o Campeonato Brasileiro, o Fluminense jogou um período com o patrocínio da prefeitura do Rio de Janeiro. A inscrição "Ame o Rio" era uma campanha contra a violência na cidade.

A história das camisas do **FLUMINENSE**

A história das camisas do **FLUMINENSE**

1998

1998

1998 | 1999

1998 | 1999

1999 | 2000

1999 | 2000

2000

2000

A história das camisas do **FLUMINENSE**

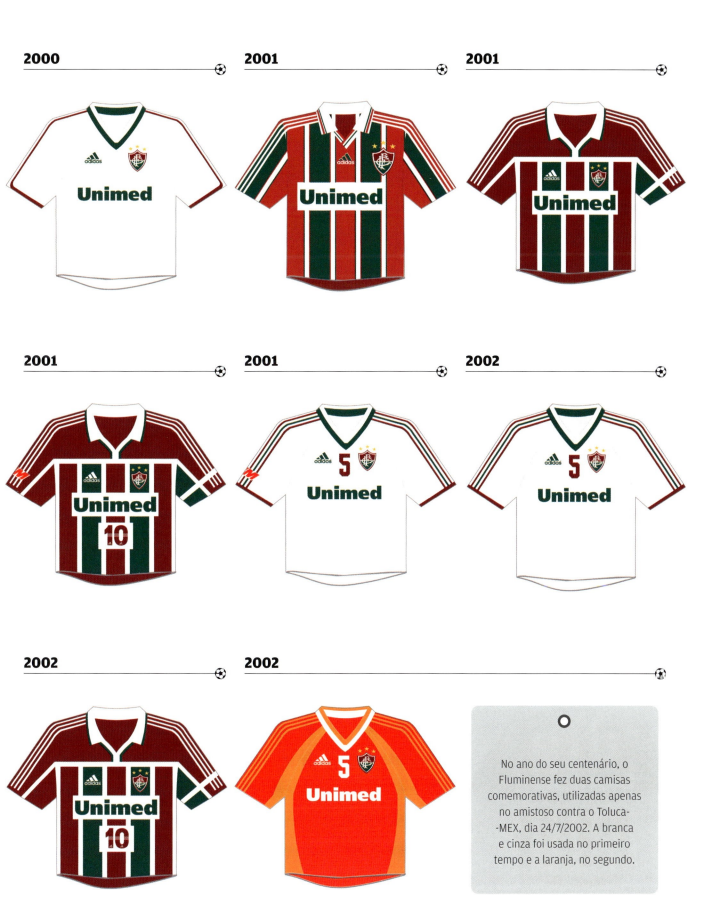

No ano do seu centenário, o Fluminense fez duas camisas comemorativas, utilizadas apenas no amistoso contra o Toluca-MEX, dia 24/7/2002. A branca e cinza foi usada no primeiro tempo e a laranja, no segundo.

A história das camisas do **FLUMINENSE**

2002

2003

2003

Depois do sucesso da camisa laranja, o Fluminense inovou e criou como camisa 3 um uniforme grená. No modelo de 2003, a camisa vinha com as mangas brancas. Nos modelos de 2005 e 2007, a camisa passou a ser grená por inteira.

2003

2004 | 2005

2003 | 2004

2004

2009

Grêmio

Atuar por 13 anos pelo Grêmio foi maravilhoso. Vestir a camisa do clube com dignidade durante tanto tempo foi simplesmente inesquecível. Lutei, chorei e conquistei os títulos mais importantes da história do Grêmio, e a torcida tricolor me presta homenagens até hoje por isso. Fui trazido em 1973 do América-RJ. Vivi intensamente esse período e sinto muito orgulho. Entre os momentos marcantes, posso citar o da final do Gauchão de 1977. Estávamos na fila havia nove anos e acabamos quebrando a hegemonia do Internacional. Fui um dos jogadores que mais participou de Grenais na história e, sempre que vejo um clássico entre as duas equipes, me lembro daquela decisão. Tenho guardada a camisa da final. Também guardei a camisa listrada do Mundial Interclubes de 1983. São recordações, como o carinhoso apelido de "Flecha Negra" e ter os pés na Calçada da Fama do clube. O Grêmio é tudo na minha vida.

Atacante
Tarciso (José Tarciso de Souza)
15/9/1951, São Geraldo (MG)
Jogou no Grêmio de 1973 a 1986 e conquistou os seguintes títulos pelo clube: Mundial Interclubes (1983), Libertadores (1983), Brasileiro (1981) e Gaúcho (1977/79/80/85/86)

A história das camisas do **GRÊMIO**

1903

Fundado no dia 15 de setembro, o Grêmio teve como primeira camisa um modelo nas cores havana, azul e branco. O uniforme deixou de ser usado logo em seguida, pois os tecidos na cor havana eram raros e caros.

1904 | 1911

Para substituir a cor havana, o Grêmio usou o preto. A primeira camisa nas cores tricolores (azul, preta e branca) era dividida verticalmente em azul e preto. Utilizado até 1911, o modelo ganhou uma réplica em 2007.

1912 | 1920

O terceiro modelo de camisa do Grêmio era todo azul-celeste. Essa camisa foi utilizada até 1920 como a principal do clube. Anos depois, com a entrada da listrada, a camisa virou a número 2 e, após a camisa branca, virou a terceira opção.

1917

A história das camisas do **GRÊMIO**

1921

1922 | 1924

1925

1926 | 1928

1929 | 1930

A camisa listrada gremista, utilizada como número 1 atualmente, foi criada 26 anos depois da fundação do clube. Desde então, a camisa ganhou escudo e variações nas faixas (ora mais largas, ora mais estreitas).

1931 | 1932

1933

1933 | 1945

A história das camisas do **GRÊMIO**

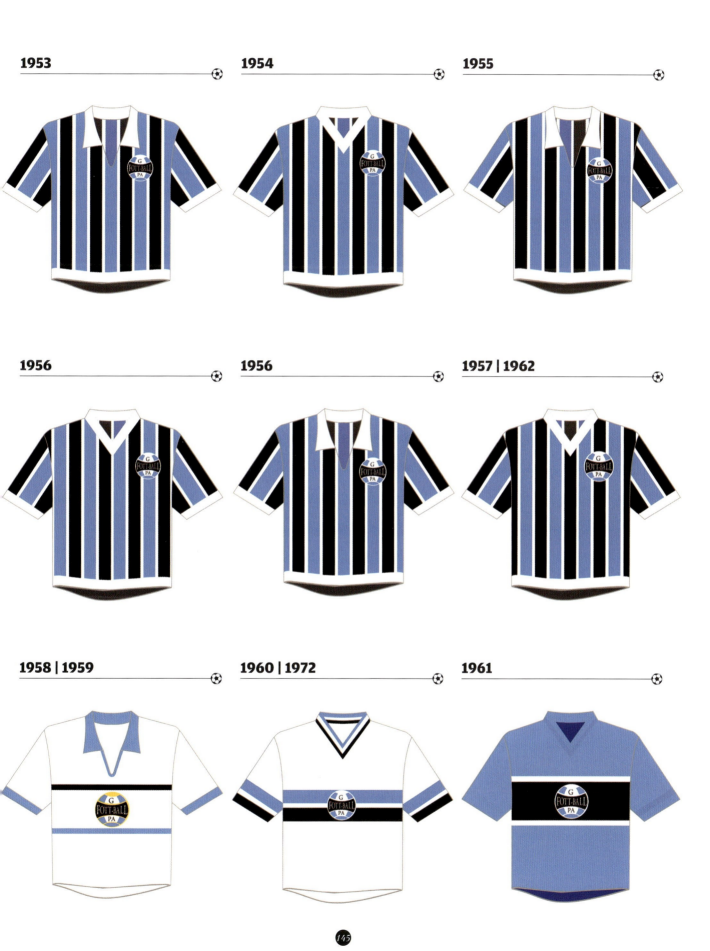

A história das camisas do **GRÊMIO**

A história das camisas do **GRÊMIO**

1976 | 1978   **1976 | 1980**   **1980 | 1981**

1981   **1982**

1982

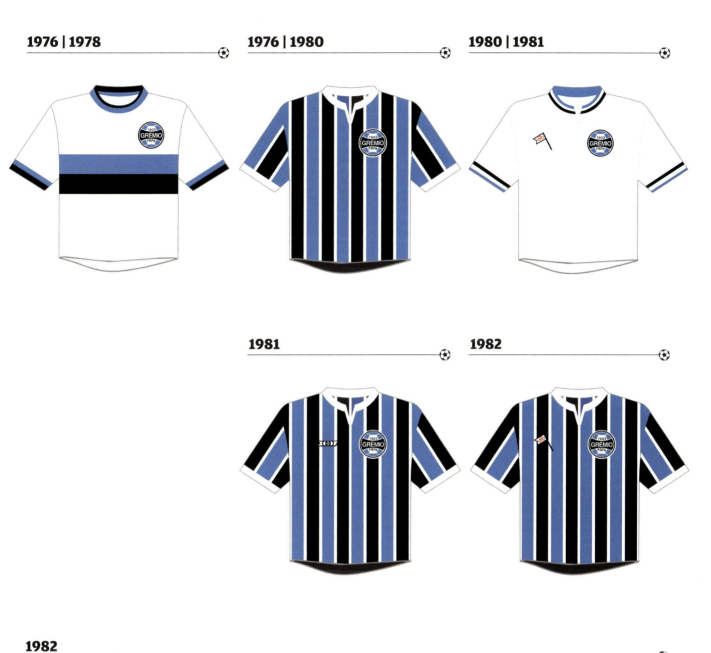

Em 1982 houve a liberação de patrocínio nas camisas dos clubes de futebol. No início, porém, o patrocínio estava apenas nas costas. No Grêmio, a Olympikus, fornecedora de material esportivo, foi a primeira a estampar seu logo na camisa.

1986

1986 | 1987

A partir de 1986, o Grêmio passou a colocar estrelas acima do escudo nas camisas. Uma em bronze, para festejar o Campeonato Brasileiro de 1981; outra em prata, lembrando a Copa Libertadores de 1983; e mais uma dourada para homenagear o Mundial Interclubes de 1983.

1987

1987

Em 1987, o Grêmio ganhou o seu primeiro patrocinador de camisa, a Coca-Cola. Na época, a empresa patrocinou os grandes clubes do futebol brasileiro. Só o Grêmio, porém, não aceitou usar o logotipo da Coca em vermelho, cor do rival Internacional. Um fato raro na história publicitária da marca.

1987

1988

1990

A história das camisas do GRÊMIO

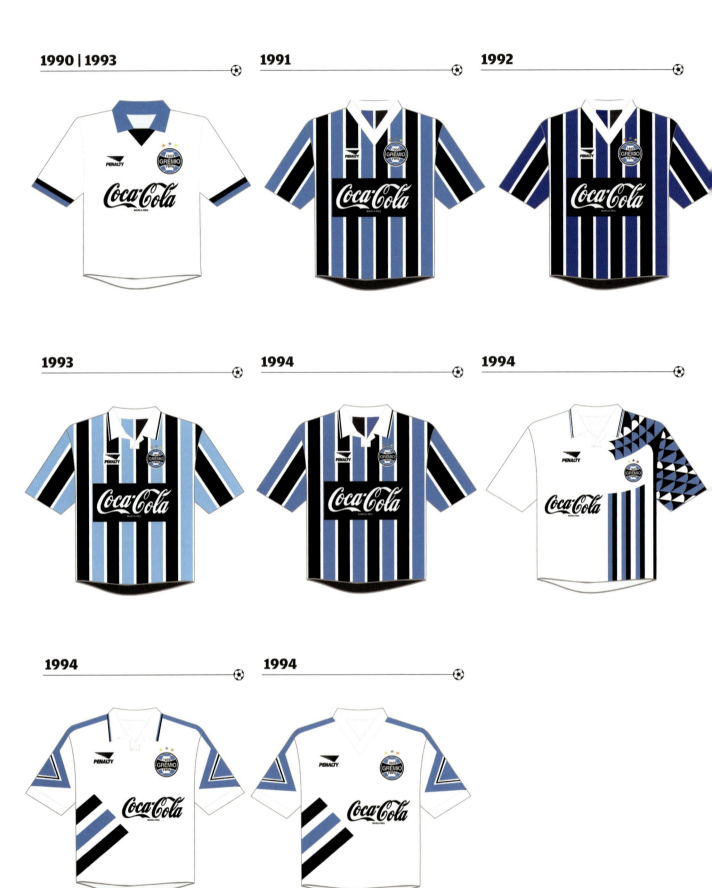

1990 | 1993

1991

1992

1993

1994

1994

1994

1994

A história das camisas do GRÊMIO

1994

Depois de não ser utilizada na década de 1980, a camisa celeste volta a ser uma das opções de uniforme do tricolor. A camisa feita pela Penalty virou a número 3 e acabou sendo usada poucas vezes em jogos oficiais.

1995

1995

1995

Campeão da Libertadores, o Grêmio passou a utilizar o logo da Conmebol na manga esquerda da camisa para celebrar o título. Na outra manga, a camisa tricolor tinha o logo do patrocinador, Tintas Renner. Segundo o clube, essa foi a camisa de clube mais vendida em 1996 (410 mil unidades).

1995

1996

1996

A história das camisas do **GRÊMIO**

1996

1996

1996

1997

> Desde 1994, o Grêmio passou a contar sempre com um terceiro uniforme. Para 1996, o tricolor inovou e trocou a camisa toda celeste por um modelo até então nunca utilizado. Até o escudo do clube foi modificado, com o mapa do mundo, uma alusão ao título Mundial de 1983.

1997

1997

A história das camisas do GRÊMIO

A história das camisas do **GRÊMIO**

2000

2000

2000

2000

2000

2000

2000

2000

2000

A história das camisas do **GRÊMIO**

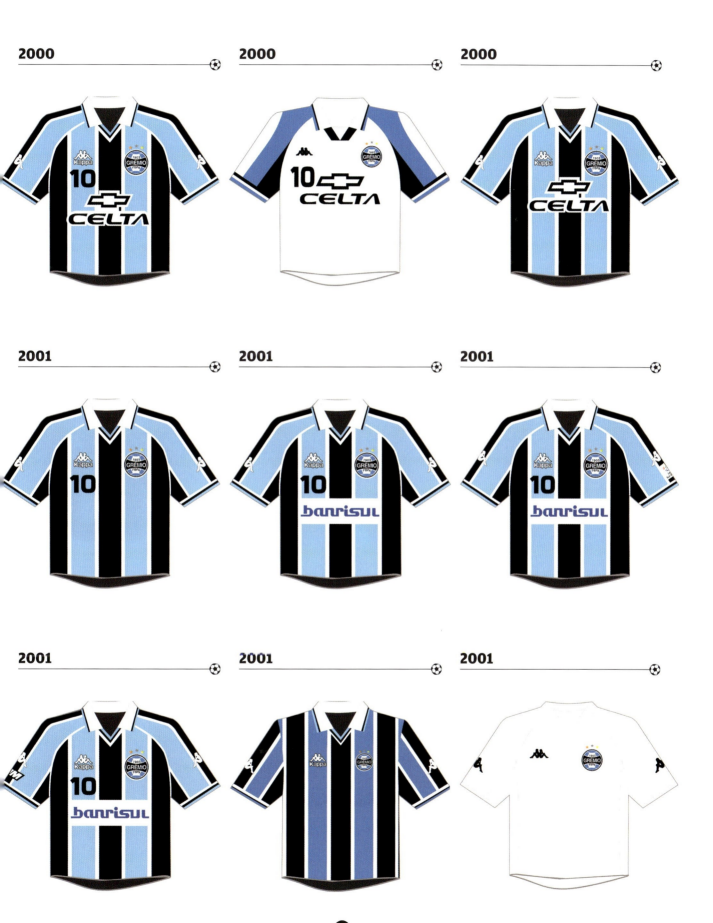

A história das camisas do GRÊMIO

A história das camisas do GRÊMIO

2002

2002

Em 2002, o Grêmio deu início às comemorações do seu centenário. Na camisa, o escudo voltou a ganhar o mapa do mundo ao seu lado. Abaixo dele, a data de fundação (1903) e a data do centenário (2003).

2003

2003

2003

2003

2003

A história das camisas do **GRÊMIO**

2004

2004

No ano do centenário, o Grêmio criou diversos modelos comemorativos de camisa. Além da tradicional listrada, o tricolor jogou de branco, de azul-celeste e até de azul-escuro, que virou então a camisa número 4. Desde então, o clube chegou a criar modelos alternativos, porém, nem todos foram utilizados em jogos.

2004
2004

2004

2005

Para celebrar o seu centenário e o do Botafogo, o Grêmio entrou em campo com uma réplica do primeiro modelo da camisa, nas cores havana e azul. O jogo aconteceu em 4 de setembro de 2004 e o Botafogo venceu por 4 X 1, num amistoso realizado no Rio de Janeiro.

A história das camisas do **GRÊMIO**

A história das camisas do **GRÊMIO**

2009 **2009**

Internacional

Quando cheguei ao Inter, em 2004, passei por um grande desafio. Estava voltando ao Brasil e precisava provar que tinha futebol para atuar num grande clube, de muita história e tradição. E ainda havia a missão de levar o Inter de volta ao topo do futebol brasileiro. Felizmente deu tudo certo. Foram quatro anos intensos – os melhores de minha carreira. No Goiás, cresci dentro do clube e realizei um sonho de infância. Fui campeão diversas vezes, mas me identifiquei muito mais com a torcida colorada. Logo na minha estreia eu fiz o gol 1.000 da história dos Grenais e, desde então, ganhei um carinho muito grande dos torcedores. Depois, pelos títulos, comecei a ser comparado com grandes ídolos, como Larry, Cláudio, Figueroa e Falcão. Assim, posso dizer que a camisa do Inter passou a fazer parte da minha vida. Ainda guardo com carinho as mais importantes, como a de número 18, desse Grenal de estreia; a de um jogo contra o Coritiba, de 2004, quando fiz um gol de bicicleta; e as camisas das finais do Mundial, da Libertadores e da Copa Dubai. A camisa vermelha, com o número 9, é a minha grande paixão.

Atacante
Fernandão (Fernando Lúcio da Costa)
18/3/1978, Goiânia (GO)
Jogou no Internacional de 2004 a 2008 e conquistou os seguintes títulos pelo clube: Mundial Interclubes (2006), Libertadores (2006), Recopa Sul-Americana (2007) e Gaúcho (2005/08)

A história das camisas do **INTERNACIONAL**

1909 | 1911

Fundado no dia 4 de abril de 1909, o Internacional tinha no dia da ata de fundação a opção de escolha de duas cores (verde e vermelho) para ser a principal do clube ao lado da branca. Venceu a cor vermelha e a primeira camisa foi então dividida com as duas cores.

1911　　1911　　1912

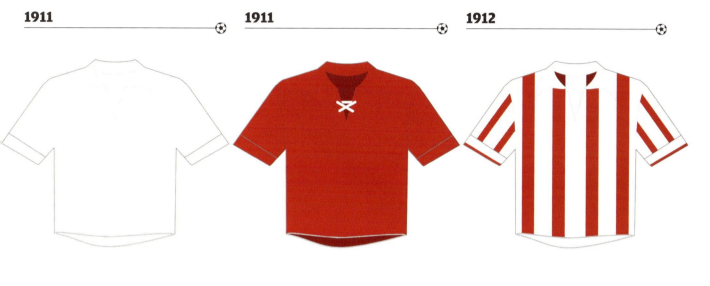

1913　　1914 | 1921　　1922 | 1926

A história das camisas do **INTERNACIONAL**

1927 | 1943

1940

A partir da década de 1920, o escudo do Internacional passou a ser usado definitivamente na camisa com um fundo branco e as iniciais SCI (Sport Club Internacional) entrelaçadas em vermelho. O escudo ficou com fundo vermelho somente nos anos 1960.

1944 | 1966

1953 | 1960

1961 | 1966

1967 | 1973

1967 | 1977

1970

A história das camisas do **INTERNACIONAL**

1974 | 1976

1976 | 1978

1976

1977

1977

> A camisa do Inter começou a ser confeccionada pela empresa alemã Adidas. A camisa ganhou então o logotipo da marca e suas tradicionais três listras nos ombros e nas mangas. A Adidas ficou até 1982 e depois voltaria a fazer a camisa colorada nos anos 1990.

1978 | 1979

1978 | 1979

A história das camisas do **INTERNACIONAL**

1980 | 1981

Campeão brasileiro em 1975, 1976 e 1979, o Inter colocou acima do escudo três estrelas douradas para representar as conquistas. Além disso, colocou ramos de louro para celebrar o título invicto do campeonato de 1979.

1980 | 1981

1980

1980

1982 | 1983

A partir de 1982 a camisa do Inter passou a ser feita pela marca Le Coq Sportif. Em 1983, ganhou o seu primeiro patrocinador, a Aplub (Associação dos Profissionais Liberais Universitários do Brasil), empresa de previdência privada e capitalização.

1982 | 1983

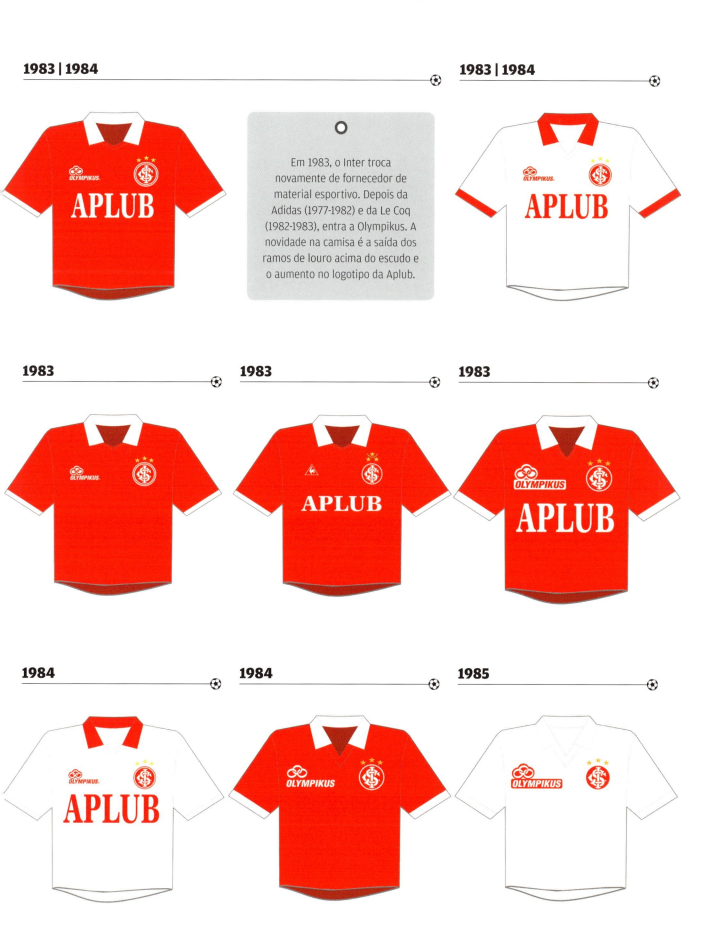

1986

Durante um curto período, a camisa do Inter deixou de exibir o patrocínio da Aplub e passou a contar com o patrocínio da Philco-Hitachi, que fazia campanha para a venda de televisores para a Copa do Mundo no México, em 1986.

1986

1986 / 1987

A camisa do Inter foi confeccionada pela marca Perusso, uma empresa de material esportivo de Porto Alegre criada em 1978 por João Antônio Perusso. As camisas do colorado seguiram praticamente com o mesmo padrão da Olympikus.

1987 / 1987

A história das camisas do **INTERNACIONAL**

1988

1988

De 1988 a 1994, a camisa do Inter foi produzida pela marca inglesa Umbro. No início, em 1988, a camisa tinha o patrocínio da Aplub. De 1989 a 1994, teve o patrocínio da Coca-Cola.

1988

1989

No dia 12 de fevereiro de 1989, o Inter usou uma camisa com um coração na manga esquerda, que fazia parte de uma campanha de solidariedade. A camisa foi usada na semifinal do Brasileirão, na vitória por 2 X 1 sobre o rival Grêmio, no chamado "Grenal do Século".

1989   **1989**   **1990**

A história das camisas do **INTERNACIONAL**

1991

1991 | 1992

1991 | 1992

1993

> A partir de 1993, com a conquista da Copa do Brasil, a camisa do Inter ganhou uma quarta estrela dourada acima do escudo. O título foi ganho no dia 13 de dezembro de 1992, quando o colorado venceu o Fluminense por 1 X 0, na decisão no estádio Beira-Rio.

1993

1994

1994

A história das camisas do **INTERNACIONAL**

1995 | 1996

1995 | 1996

A camisa do Inter sofre duas modificações. Sai a Umbro, fornecedora de material esportivo, e entra a Rhumell. Já a Aplub volta a ser patrocinadora do colorado depois de seis anos.

1995

1995

Outra grande mudança na entrada da Rhumell foi no segundo uniforme do Inter. A camisa branca voltou a ter uma faixa diagonal, como na década de 1960. Em 1995, porém, os rivais ironizavam dizendo que a camisa era inspirada na Seleção Peruana, já que o rival Grêmio usava uma azul-celeste parecida com a da Seleção Uruguaia.

1996

1997

Fornecedora de material esportivo do Inter de 1977 a 1982, a Adidas voltou a fazer as camisas do colorado. A camisa ganhou listras brancas nos ombros da camisa 1. Já no uniforme reserva, ganhou listras verticais também nas mangas.

A história das camisas do INTERNACIONAL

2000

2000

A Topper entra como nova fornecedora de material esportivo, no lugar da Adidas, e lança um terceiro modelo para a camisa colorada. Com faixas verticais brancas e vermelhas, a camisa lembrava um pouco a primeira do Inter, de 1909.

2000

2000

2000

2001

2001

2001

A história das camisas do **INTERNACIONAL**

2001

2001

A partir de 2001, as camisas do clube ganham patrocinadores nas mangas. A primeira empresa a entrar é a companhia aérea TAM. No mesmo ano, o banco Banrisul entra como patrocinador principal.

2001

2001

2002

2002

2002

2002

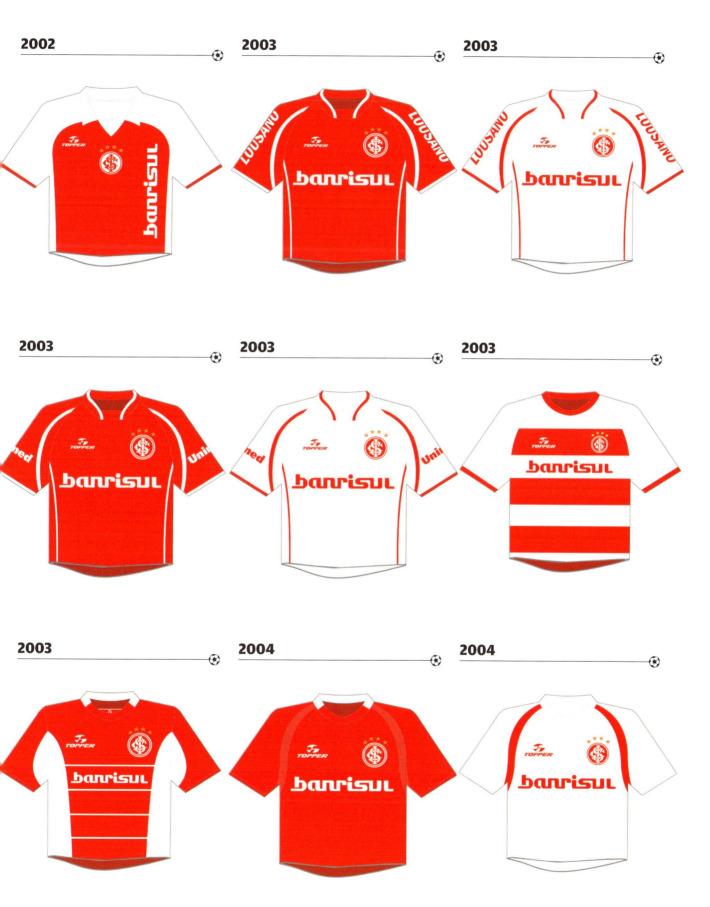

A história das camisas do **INTERNACIONAL**

2004 **2004** **2004**

2005 **2005** **2005**

2006 **2006**

A Reebok passa a ser a nova fornecedora de material esportivo, substituindo a Topper, que ficou de 2000 a 2005. Com essa camisa, o Inter conquistou o inédito título da Copa Libertadores, quando venceu o São Paulo, no Morumbi, por 2 X 1 na final.

A história das camisas do **INTERNACIONAL**

2006   **2006**

2006   **2006**

No segundo semestre de 2006, a Reebok criou um modelo para jogos internacionais. A grande mudança na camisa foi a entrada da gola polo. O escudo do clube ganhou também uma estrela dourada em homenagem à conquista da Libertadores.

2006   **2006**

Durante o Mundial de Clubes da Fifa, o Inter utilizou o modelo de jogos internacionais, mas com manga longa e o logo da competição nas mangas. O colorado foi campeão ao vencer o Barcelona-ESP por 1 X 0 na decisão.

A história das camisas do **INTERNACIONAL**

2007

O Inter acrescentou na frente da camisa o símbolo da Conmebol, em homenagem ao título da Libertadores de 2006. O logo já havia sido usado no segundo semestre de 2006, mas nas mangas da camisa.

2007

2007

No início de 2007, a camisa colorada ganhou uma estrela de diamante sobre o escudo, em alusão ao título mundial. Abaixo dele, uma estrela dourada grande e mais quatro pequenas (três para os Brasileiros de 1975, 1976 e 1979 e outra para a Copa do Brasil de 1992).

2007

2007

Com a conquista da Recopa Sul-Americana de 2007, o Inter aplicou uma coroa sobre o escudo e as estrelas do time. A coroa era uma referência aos três títulos internacionais conquistados pelo clube em sequência: Libertadores, Mundial e Recopa.

2007

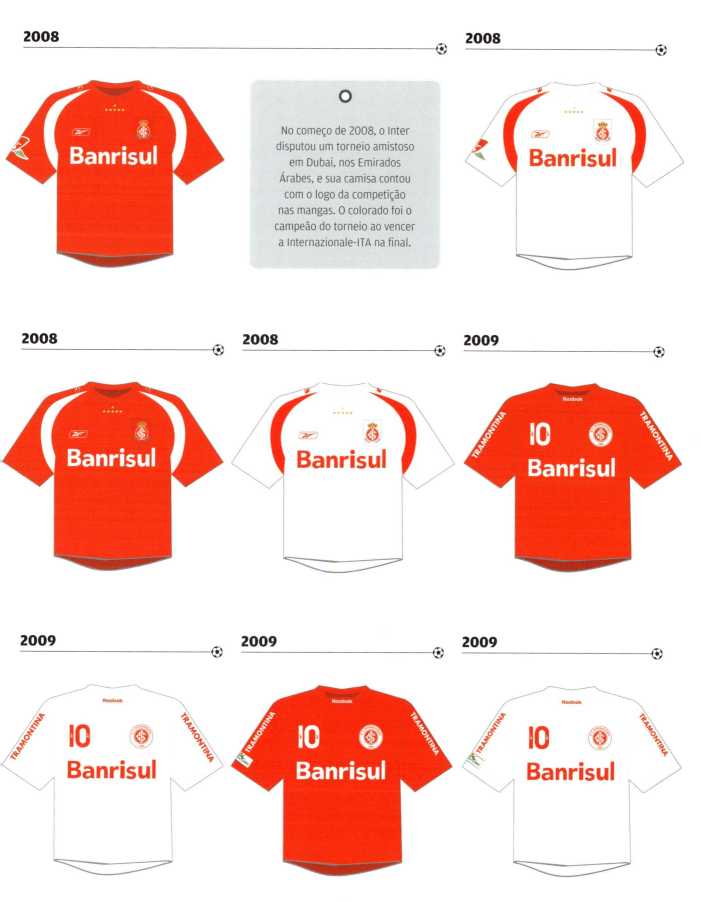

2009

Palmeiras

Vestir a camisa do Palmeiras foi a realização de um sonho. Cheguei ao clube em 1992 e, sinceramente, não esperava atingir esse *status* de ídolo. Sempre fui palmeirense e, com o passar do tempo, me identifiquei demais com o clube. Prova disso é que muitas vezes me comporto mais como um torcedor do que como goleiro em campo. Nunca tive vontade de mudar de time. Em 2002, quando fui pentacampeão mundial com a Seleção, recebi uma proposta milionária do Arsenal. Cheguei a ir para a Inglaterra, mas vi que minha vida estava aqui no Brasil: pensei na minha família, nos amigos e, principalmente, no Palmeiras. Sempre tive tudo aqui, não tinha por que sair. Sou eternamente grato ao clube, de quem ganhei muito, além de respeito e profissionalismo. Como lembrança, acabei guardando muitas camisas. Entre elas, a da final da Libertadores de 1999, da Série B de 2003 e a do Campeonato Paulista de 2008. Às vezes, entrego algumas especiais para meus familiares. A camisa com que eu completei quatrocentos jogos pelo Palmeiras foi dada a meu pai, Ladislau Silveira Reis. Foi o último presente que lhe dei, antes de ele falecer.

Goleiro
Marcos (Marcos Roberto Silveira Reis)
4/8/1973, Oriente (SP)
Joga no Palmeiras desde 1992 e conquistou os seguintes títulos pelo clube: Copa Libertadores (1999), Copa Mercosul (1998), Copa do Brasil (1998), Torneio Rio-São Paulo (2000), Campeonato Paulista (1996 e 2008) e Série B do Brasileiro (2003)

A história das camisas do PALMEIRAS

1915

1915 | 1917

Fundado em 26 de agosto de 1914, o Palestra Itália fez seu primeiro jogo no dia 24 de janeiro, vencendo o Savoia por 2 X 0. O escudo da primeira camisa (uma Cruz de Savoia, símbolo da antiga família real italiana) foi inspirado no Pro Vercelli, que excursionou no Brasil em 1914.

1916 | 1917

1917

1918

1919

1919 | 1931

1924

A história das camisas do **PALMEIRAS**

1925

1929

Ainda como Palestra Itália, o clube jogou pela primeira vez de azul, cor da camisa da Seleção Italiana. Foi no dia 14 de julho de 1929, quando goleou o Ferencvaros, da Hungria, por 5 X 2, no Parque Antártica.

1932 | 1936

1932 | 1937

1937

1938 | 1939

1938 | 1940

1941 | 1942

A história das camisas do **PALMEIRAS**

1941 | 1942

1941 | 1942

1942 | 1957

1942 | 1959

Com a proibição durante a Segunda Guerra Mundial de entidades terem nomes ligados a países do eixo nazifascista (Alemanha, Itália e Japão), o Palestra Itália teve de mudar de nome, passando a se chamar Palmeiras. No primeiro jogo, o clube venceu o São Paulo por 3 X 1 na final do Paulistão e foi campeão.

1951

1953

A Copa Rio foi considerada um mundial de clubes por reunir seis campeões nacionais (Juventus-ITA, Nacional-URU, Nice-FRA, Sporting-POR, Áustria Viena-AUT e Estrela Vermelha-IUG), além de Vasco (campeão carioca) e Palmeiras (campeão paulista). O Palmeiras foi campeão sobre a Juventus. Na decisão, usou uma bandeira do Brasil sobre o escudo.

A história das camisas do **PALMEIRAS**

1955

1958

Para derrotar o Corinthians na final do Paulistão de 1954 (realizada em fevereiro de 1955), o Palmeiras fez de tudo e entrou de azul - dizem que a conselho de um pai de santo. Não deu certo; o jogo terminou 1 X 1 e o rival levou a taça.

1959

1959 | 1971

1959 | 1971

1959 | 1971

1965

Na inauguração do Mineirão, em Belo Horizonte, a Seleção Brasileira foi representada pelo Palmeiras no amistoso contra o Uruguai. Até o técnico, o argentino Filpo Nuñez, era do Verdão, que ganhou por 3 X 0 com gols de Rinaldo, Tupãzinho e Germano.

A história das camisas do **PALMEIRAS**

1972 | 1976

1972

1973 | 1976

1973 | 1976

1974

1977

1977

Com a liberação de uso de logotipos de empresas, o Palmeiras foi o primeiro dos grandes clubes do país a estampar a marca do fornecedor de material esportivo, na época a alemã Adidas.

A história das camisas do **PALMEIRAS**

1985 — **1985**

- CONSÓRCIO BATTISTELLA
- Pão de Açúcar Veículos 10 
- FINANCEIRA BATTISTELLA

1985 — **1985** — **1985**

- Lanche Mirabel
- Lanche Mirabel
- Lanche Mirabel

1985  — **1985**  — **1986**

- BAVESA
- Brandiesel
- (sem patrocínio)

189

A história das camisas do **PALMEIRAS**

1986

1986

1986

1986

1986

1986

1987 | 1988

A história das camisas do **PALMEIRAS**

1987 | 1988

1987

1987 | 1988

1989

> No Campeonato Brasileiro de 1989, o Palmeiras utilizou uma camisa com estrelas acima do escudo, conforme o artigo 139 de seu Estatuto, que exige uma estrela vermelha para representar a conquista da Copa Rio de 1951, e estrelas brancas para cada título nacional (Brasileiro de 1972 e 1973). As estrelas, porém, sumiram logo da camisa.

1989 | 1990

1989 | 1990

1989 | 1990

1989 | 1990

A história das camisas do **PALMEIRAS**

1991

1991

1991

1991

1992

Em abril de 1992, a multinacional Parmalat fechou uma parceria com o Palmeiras para patrocínio e administração do departamento de futebol do clube. Como marco dessa parceria, o Palmeiras mudou o tradicional uniforme, que ganhou listras verticais brancas e um tom de verde mais claro.

1992

1992

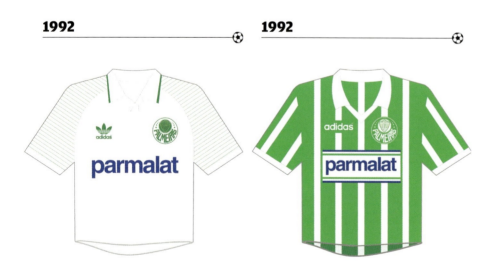

A história das camisas do PALMEIRAS

1993

1993

> Desde 1988, os clubes paulistas passaram a estampar um escudeto da Federação Paulista de Futebol para representar o título estadual. O Palmeiras, campeão paulista de 1993, estampou, no segundo semestre daquele ano, seu primeiro escudeto. No início de 1994, colocou também o da CBF, para comemorar o título Brasileiro de 1993.

1993

1993

1994

1994

1994 | 1995

1994 | 1995

A história das camisas do **PALMEIRAS**

O Palmeiras usou pela primeira vez um terceiro uniforme, inspirado na camisa utilizada no jogo de estreia do Palestra Itália, em 1915. A camisa foi o último modelo da marca Rhumell. No mesmo ano, a empresa deu lugar à Reebok, que passou a ser a nova fornecedora de material esportivo.

A história das camisas do **PALMEIRAS**

1999 **1999** **1999**

1999 **1999**

1999 **2000**

Na final do Mundial Interclubes, contra o Manchester United-ING, no Japão, a camisa estava repleta de símbolos. No escudo, quatro estrelas comemorativas aos campeonatos brasileiros (1972/73/93/94). Na manga, o logo da Copa Mercosul (1998). No peito, o da Conmebol e a estrela grande amarela, da Libertadores de 1999.

A história das camisas do **PALMEIRAS**

2002 | 2003   **2003**   **2003**

2003 | 2004   **2003 | 2004**

Em 2003, a camisa do Palmeiras passou a ser confeccionada pela empresa italiana Diadora. A fornecedora de material esportivo desenvolveu uma tecnologia que fazia com que as bolinhas vermelhas, na manga da camisa, ficassem sem cor conforme o atleta suava em campo.

2004   **2004**

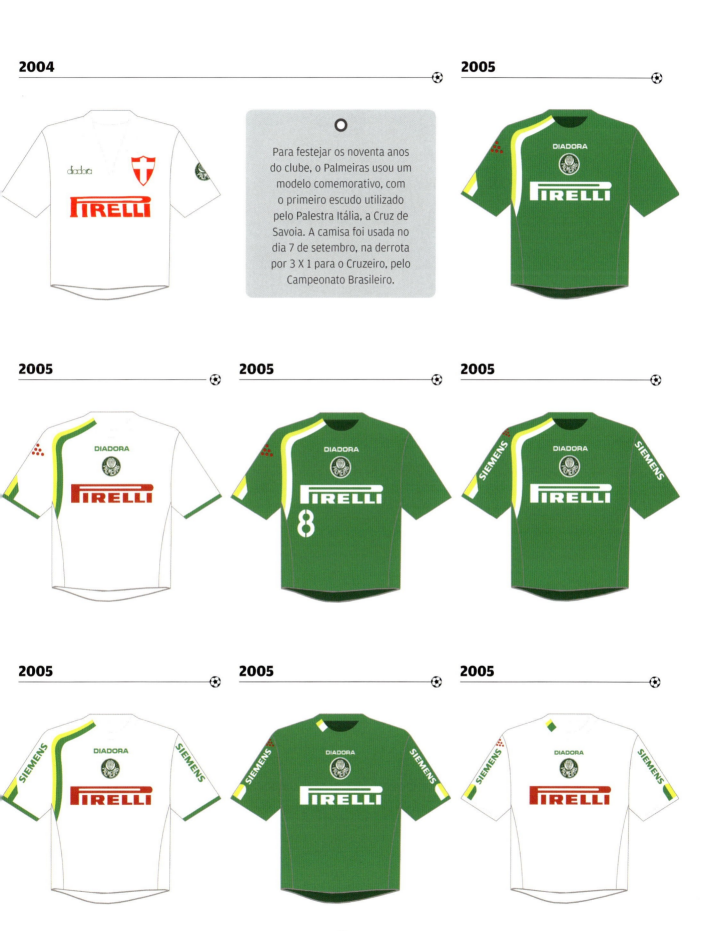

2004

2005

Para festejar os noventa anos do clube, o Palmeiras usou um modelo comemorativo, com o primeiro escudo utilizado pelo Palestra Itália, a Cruz de Savoia. A camisa foi usada no dia 7 de setembro, na derrota por 3 X 1 para o Cruzeiro, pelo Campeonato Brasileiro.

2005

2005

2005

2005

2005

2005

A história das camisas do **PALMEIRAS**

2005

2005

> Para aproximar o torcedor dos seus ídolos, o Palmeiras criou uma camisa personalizada com o autógrafo do jogador. O primeiro modelo foi com o meia Magrão. A ideia, porém, não vingou e acabou sendo abandonada.

2005

2006 | 2007

2006 | 2007

2006 | 2007

2007

> Para escolher sua terceira camisa, o clube promoveu uma campanha em que o torcedor podia escolher entre três modelos pela internet: camisa prateada, azul ou branca com detalhes verdes e vermelhos. Ganhou a prateada, seguida pela azul, que homenageava a Seleção Italiana.

A história das camisas do **PALMEIRAS**

2007

2007

2007

2008

> O Palmeiras criou como terceiro uniforme uma camisa na cor verde-limão, bem próxima até do amarelo. No início, alguns torcedores estranharam a cor de "marca-texto". Mas, como ela deu sorte ao time nos primeiros jogos, acabou virando um talismã e caiu nas graças da torcida.

2008

2008

2008

A história das camisas do **PALMEIRAS**

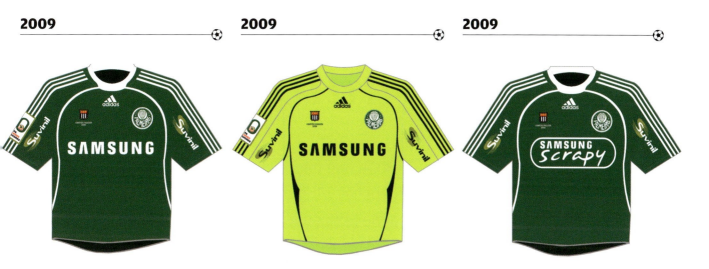

2009　　　　　　　　**2009**　　　　　　　　**2009**

2009

Santos

Vou contar aqui uma história que pouca gente sabe e só Deus pode explicar. Quando tinha apenas 14 anos, saí de Bauru e fui para o Santos, a convite de Waldemar de Britto, um amigo do meu pai. Chegando ao clube, fiquei alojado com os garotos do infantil, que na época se hospedavam em quartos debaixo das arquibancadas da Vila Belmiro. Ainda no primeiro dia, o Herrera, um fotógrafo do Santos, entrou em um dos quartos e me pediu para tirar uma foto. Eu vesti a camisa listrada do Santos e o Waldemar de Britto, ao meu lado, falou com o Lula, o técnico do time principal do Santos: "Olha aqui o menino de Bauru que te falei". E aquilo me marcou. O primeiro dia em que eu cheguei ao Santos eu pus aquela camisa sem saber se seria ou não jogador. Quase vinte anos depois, quando me despedi do clube no jogo contra a Ponte Preta, eu estava com a camisa listrada novamente. Então, essa é uma história que me marcou muito. A camisa principal do Santos sempre foi a branca, todos gostavam dela e também foi a camisa com que conquistamos os principais títulos. A camisa do Santos tem uma importância enorme na minha vida. Porém, não a branca, com a qual quase todos me viram jogar.

Meia/atacante
Pelé (Edson Arantes do Nascimento)
23/10/1940, Três Corações (MG)
Jogou no Santos de 1957 a 1974 e conquistou os seguintes títulos pelo clube:
Mundial Interclubes (1962/63), Copa Libertadores (1962/63), Taça Brasil
(1961/62/63/64/65), Torneio Roberto Gomes Pedrosa (1968) e Campeonato Paulista
(1958/60/61/62/64/65/67/68/69/73)

A história das camisas do **SANTOS**

1912

O Santos foi fundado no dia 14 de abril de 1912 no Clube Concórdia, que tinha camisa com listras verticais azuis e brancas. Ao contrário do que muita gente imagina, o Santos nunca jogou com a camisa do Concórdia. A primeira camisa do Peixe era branca, com uma braçadeira azul.

1913 | 1918

Com dificuldades para encontrar tecidos azuis, o Santos mudou seu uniforme e adotou, por sugestão de Paulo Peluccio, um dos associados do clube, as cores branca (representando a paz) e preta (em alusão à nobreza). Essa mudança aconteceu no dia 31 de março de 1913.

1915

Para disputar um torneio municipal, em 1915, o Santos jogou como União F. C. e acabou usando o escudo do clube do litoral santista. O alvinegro, porém, entrou em campo com sua camisa branca.

1916

A história das camisas do **SANTOS**

1919 | 1926

1926

1927 | 1930

A partir de 1927, o Santos passa a usar seu tradicional escudo na camisa. O clube teve três distintivos antes desse, mas nenhum entrou no uniforme. A ideia de colocar as iniciais SFC (Santos Futebol Clube) foi uma sugestão de Urbano Caldeira, ex-jogador, em 1915.

1927

1928 | 1932

Entre 1928 e 1932, o Santos criou uma camisa com um desenho que fugia completamente dos tradicionais uniformes 1 (listrado) e 2 (branco). A camisa, predominantemente preta, tinha apenas finas listras brancas nas laterais.

1928 | 1933

A história das camisas do **SANTOS**

A história das camisas do **SANTOS**

1955 | 1968

1956

Bicampeão mundial interclubes em 1962 e 1963, o Santos resolveu colocar acima de seu escudo duas estrelas douradas comemorativas, em 1965. Em 1968, foi usado um modelo com três estrelas, depois do título da Recopa Mundial.

1956 **1957 | 1959** **1959 | 1964**

1963 | 1965

Entre 1963 e 1965, o Santos chegou a entrar em campo com uma camisa branca com finas listras pretas. O modelo, apesar de durar três anos, não fez muito sucesso e nunca mais voltou a ser utilizado.

A história das camisas do **SANTOS**

1965 | 1968

1965 | 1971

Bicampeão mundial interclubes em 1962 e 1963, o Santos colocou acima de seu escudo duas estrelas douradas comemorativas, em 1965. A medida, pioneira em clubes brasileiros, segue até hoje no uniforme do clube.

1969 | 1972

1972 | 1977

1973

1974 | 1977

1976

1976

A história das camisas do **SANTOS**

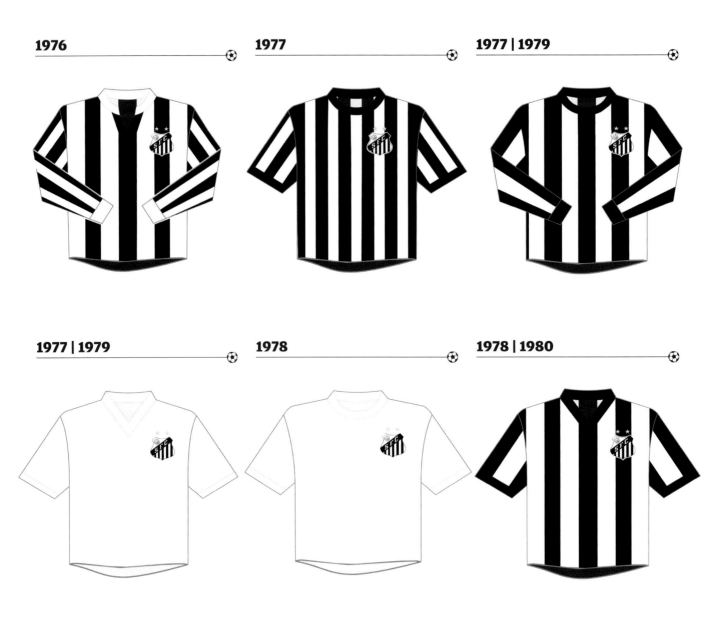

1976

1977

1977 | 1979

1977 | 1979

1978

1978 | 1980

1980

1980

A partir desse ano, as camisas do Santos passaram a ser confeccionadas pela Adidas. A empresa alemã foi então a primeira fabricante de material esportivo a estampar sua logomarca na camisa do clube.

A história das camisas do **SANTOS**

1980

1980

1980 | 1981

1981

1982

1982

1982

1982 | 1983

> Um ano depois dos uniformes da Adidas, o Santos mudou seu fornecedor de material esportivo para a Topper. Em 1982, a empresa trocou a gola V pela gola polo. Pouco depois, em 1983, o nome da empresa entrou abaixo do logo.

A história das camisas do **SANTOS**

1983

1983

Na decisão do Brasileirão de 1983, o Santos entrou com um patrocinador (Casas Bahia), mas apenas na parte de trás da camisa. O Peixe perdeu o campeonato daquele ano para o Flamengo. Pouco depois, seguiu utilizando a camisa com o patrocínio.

1983

1983 | 1984

O Santos apoiou a campanha em favor da paz na cidade de São Paulo e colocou em sua camisa a mensagem. Foi a primeira vez que uma marca entrou na frente da camisa do clube.

1984　　1984　　1984

A história das camisas do **SANTOS**

A história das camisas do **SANTOS**

A história das camisas do **SANTOS**

1987 | 1988

1987 | 1988

1987 | 1988

1988

1988 | 1990

De 1980 a 1981 e de 1984 a 1987, a camisa do Santos foi feita pela Adidas. Já de 1982 a 1984, o uniforme foi confeccionado pela Topper. A partir de 1988, a camisa passou a ser fabricada pela Penalty. Ela ficou até 1990.

1988 | 1990

1990

A história das camisas do SANTOS

1991 | 1992

1991 | 1992

Com a saída da Penalty, a Umbro tornou-se a nova fornecedora de material esportivo do clube. A maior novidade no uniforme foi a inscrição "bi-mundial" (*sic*) abaixo do escudo, em referência aos dois títulos mundiais do Santos em 1962 e 1963.

1993

1993

De 1993 a 1994, o uniforme santista foi feito pela Dell'Erba. Nesse período, o Santos trocou o patrocínio da camisa. Saiu a Coca-Cola, que ficou entre 1987 e 1993, e entrou a Lousano, empresa de fios e cabos.

1994

1994

1994

A história das camisas do **SANTOS**

1994

Foi a vez da Amddma confeccionar as camisas do Santos. Em 1995, a empresa colocou o logo da marca nos ombros e nas mangas. Com essa camisa o Santos foi vice-campeão brasileiro, quando perdeu a decisão para o Botafogo.

1994

1995

1995

Em 1994, o Santos passou a ser patrocinado pelo grupo hospitalar Unicór. O clube estampou a marca até 1999. Pouco depois, em janeiro de 2001, o Unicór teve sua liquidação decretada pela Agência Nacional de Saúde Suplementar, que regula o setor.

1995

1996 | 1997

A Rhumell entrou como nova fornecedora de material esportivo do Santos. Empresa que também fez uniformes na época para o Palmeiras, Cruzeiro e Internacional, a Rhumell ficou até meados de 1997.

A história das camisas do **SANTOS**

1996 | 1997 **1997**

Depois de cinco anos, a Umbro voltou ao Santos para fazer os uniformes do clube. Logo no primeiro modelo, duas mudanças. A inscrição "bi-mundial" (*sic*) ficou logo abaixo da gola. Já as mangas ganharam o nome do patrocinador, a Unicór. Na camisa 2, detalhes cinza foram incorporados.

1997 **1998** **1998**

1998 | 1999 **1999**

Em 1998, outra mudança significativa no uniforme do Santos. O escudo do clube saiu do lado esquerdo do peito e passou a ser centralizado no alto da camisa. Além disso, o distintivo ficou dentro de um brasão.

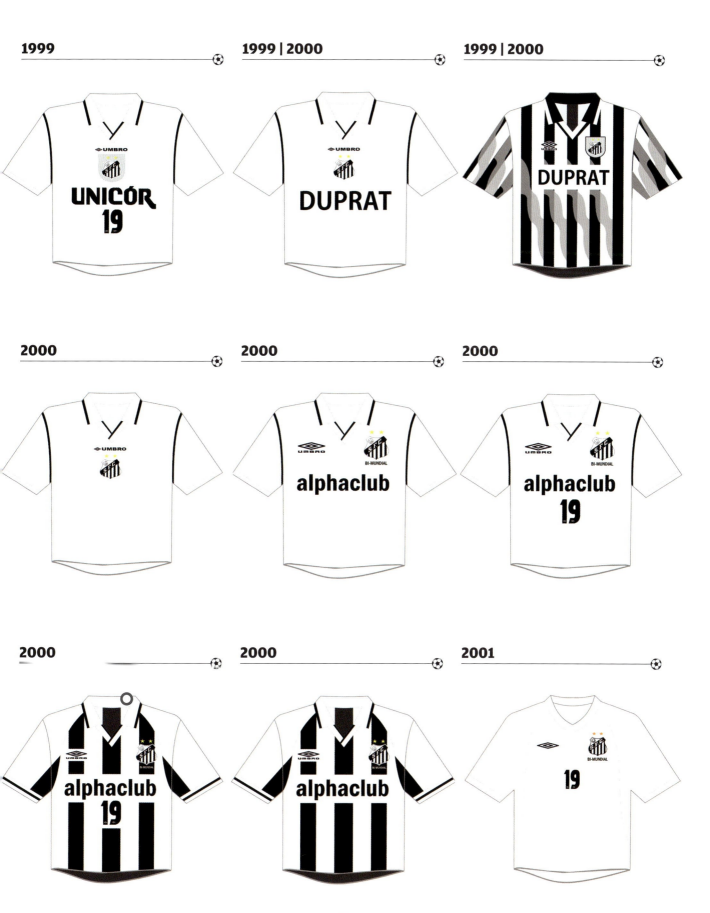

2001

2001

No segundo semestre de 2001, o Santos foi eleito pela Fifa como o melhor clube do século XX nas Américas. O clube aproveitou a homenagem e colocou o logo da entidade no peito da camisa até o restante da temporada.

2001

2001

O Santos entrou em 2001 sem patrocinador para a camisa. Nas semifinais do Campeonato Paulista, no entanto, o clube fechou um contrato para a fase decisiva do torneio com a Seat, empresa automotiva. Como o Santos foi eliminado na semifinal, a camisa não foi mais usada.

2001

2001

2001

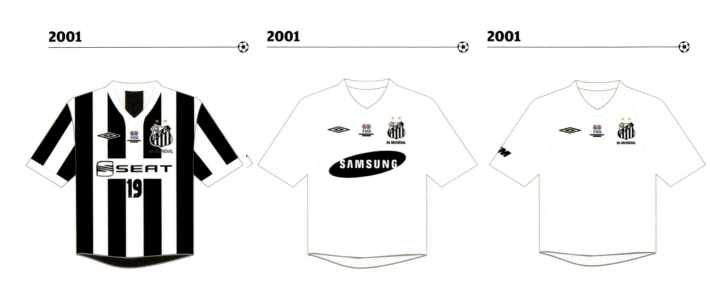

2001

2001

2002

Na disputa do torneio Rio-São Paulo de 2001, o Santos usou o logo da competição na manga da camisa, assim como todos os participantes daquele campeonato. Já o escudo do clube ganhou um contorno dourado.

2002

2002

O Santos incluiu na camisa, acima do escudo, um logo comemorativo aos noventa anos do clube. Foi com essa camisa, que contava com o patrocínio da Bombril, que o Santos conquistou seu primeiro Campeonato Brasileiro.

2002

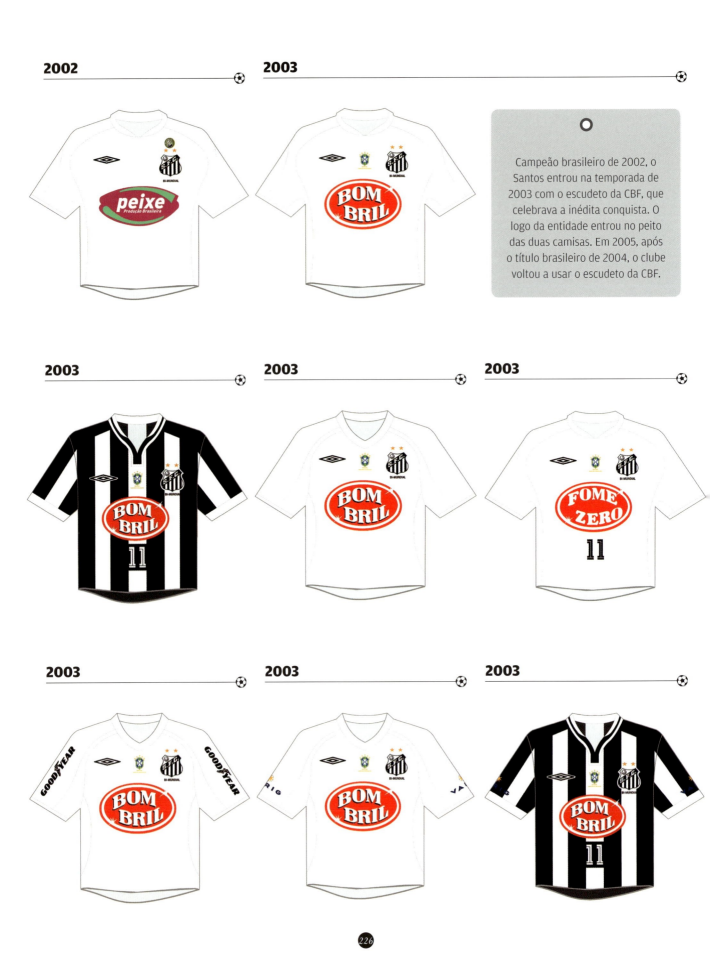

A história das camisas do **SANTOS**

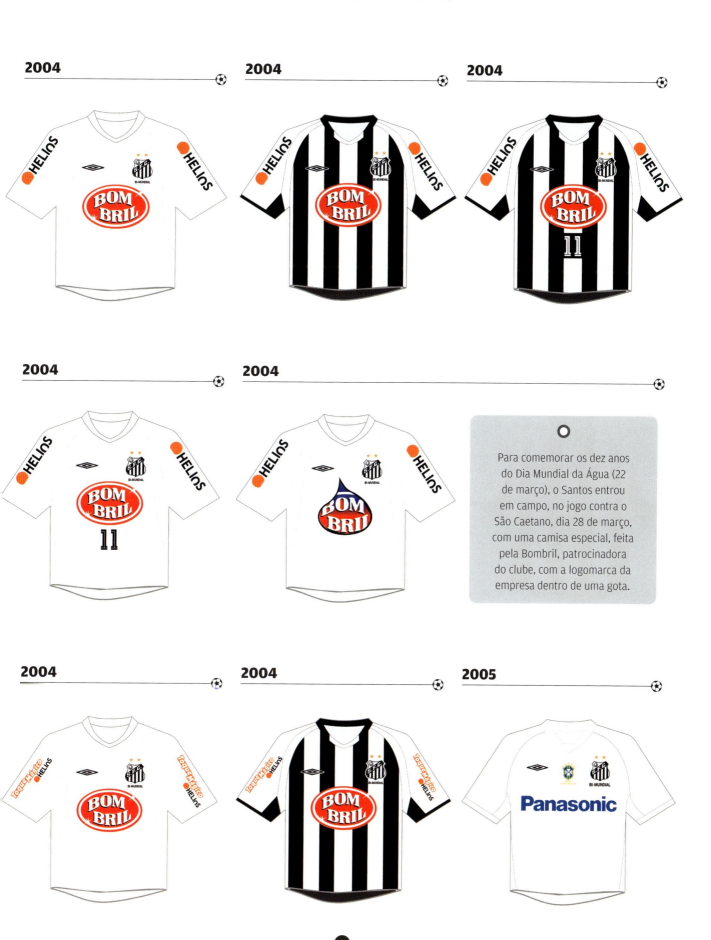

Para comemorar os dez anos do Dia Mundial da Água (22 de março), o Santos entrou em campo, no jogo contra o São Caetano, dia 28 de março, com uma camisa especial, feita pela Bombril, patrocinadora do clube, com a logomarca da empresa dentro de uma gota.

A história das camisas do **SANTOS**

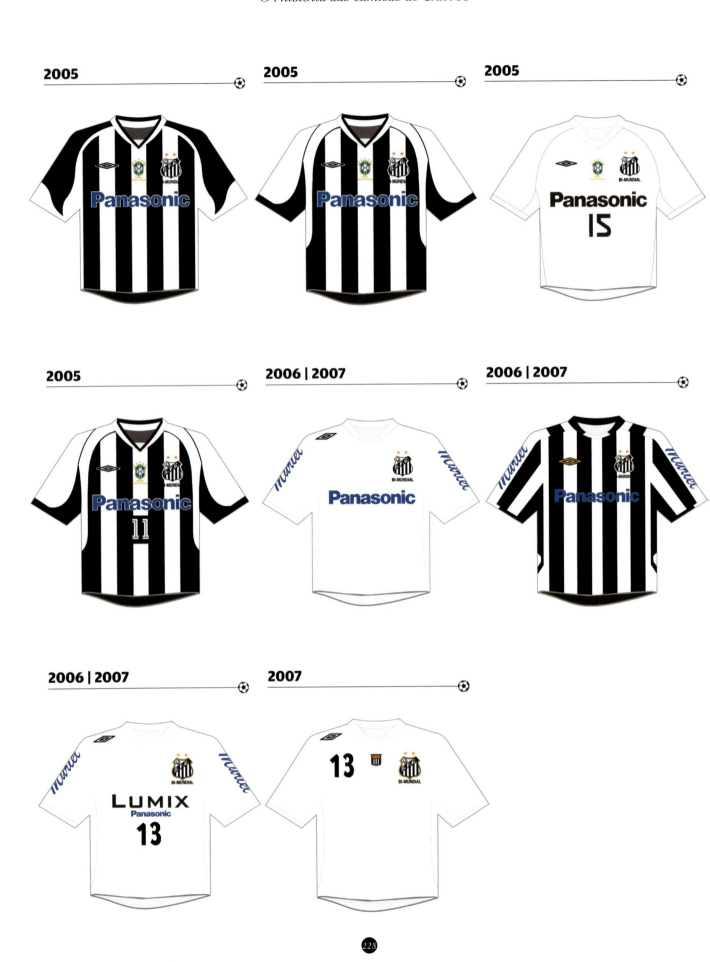

A história das camisas do SANTOS

2007

2007

O escudeto de campeão paulista passou a ser oferecido pela Federação Paulista de Futebol (FPF) desde 1988. Desde então, o Santos nunca havia conquistado o torneio. Em 2007 e 2008, o clube usou o escudeto para celebrar o biestadual de 2006 e 2007.

2007

2007

2007

2008

2008

A história das camisas do **SANTOS**

2008

2008

Assim como vários clubes brasileiros, o Santos elegeu um terceiro uniforme. Para 2008, o modelo escolhido foi o azul-marinho com detalhes dourados. Ele foi usado poucas vezes. Para 2009, o clube criou um modelo preto com detalhes prateados.

2008 | 2009

2008 | 2009

2009

2009

2009

2009

São Paulo

Cheguei ao São Paulo pela primeira vez em 1987. Era uma honra vestir a camisa do melhor clube para se jogar no Brasil. Só que, com o tempo, a razão foi dando lugar à emoção. Nos anos seguintes, já jogava me sentindo parte do clube e também responsável por escrever sua história. Participei, junto com meus companheiros, de um momento único, de uma época especial na história do São Paulo. As conquistas da primeira Libertadores e do primeiro Mundial foram inesquecíveis, principalmente para alguém que ama e é torcedor do clube até hoje. Eu não sou um grande colecionador de camisas do São Paulo. Tenho poucas em casa. Mas guardo duas com muito carinho: a camisa 10 da final do Mundial Interclubes de 1992, quando fiz os dois gols na vitória sobre o Barcelona, e também a camisa 23, usada na final do Campeonato Paulista de 1998, quando fomos campeões justamente na minha volta do futebol francês, depois de cinco anos fora. Esse título teve um sabor especial, porque foi sobre o Corinthians, o grande rival na minha época. Guardo ainda com carinho um modelo do segundo uniforme. Adorava também as camisas de mangas compridas listradas. Eram maravilhosas!

Meia
Raí (Raí Souza Vieira de Oliveira)
15/5/1965, Ribeirão Preto (SP)
Jogou no São Paulo de 1987 a 1993 e de 1998 a 2000,
e conquistou os seguintes títulos pelo clube: Mundial
Interclubes (1992), Copa Libertadores (1992/93), Brasileiro
(1991) e Paulista (1989/91/92/98/2000)

A história das camisas do **SÃO PAULO**

1936 | 1964

1936 | 1941

A camisa e o escudo do São Paulo foram desenhados pelo alemão Walter Ostrich, ainda na época do São Paulo da Floresta, clube fundado em 1930 (depois da fusão do Paulistano, alvirrubro, com a Associação Atlética das Palmeiras, alvinegro) e que deu origem ao Tricolor, fundado em 1935.

1942 | 1956

1957 | 1959

1960 | 1970

1964

1965 | 1968

A história das camisas do **SÃO PAULO**

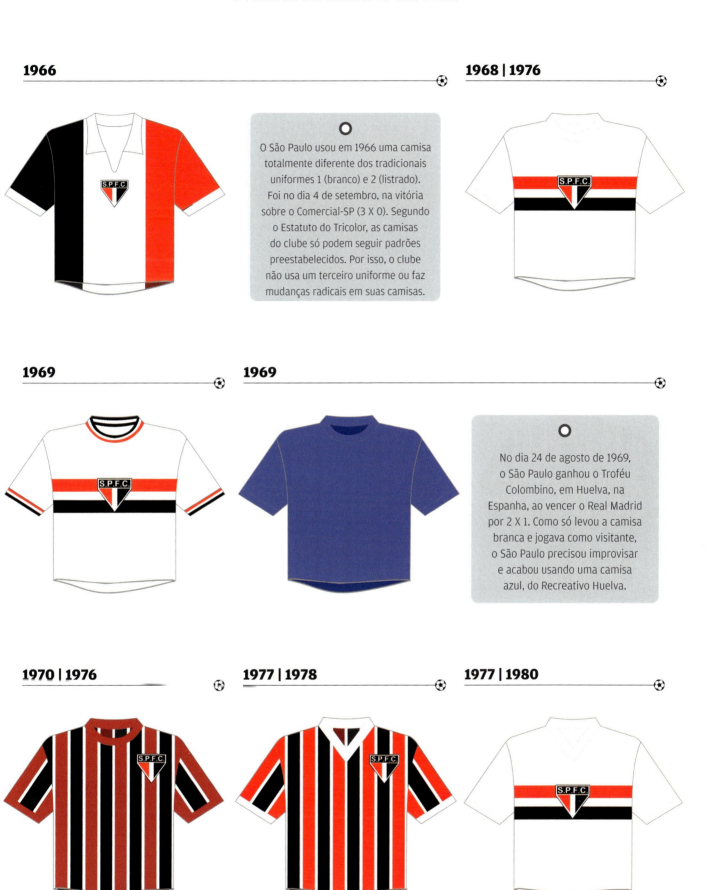

1966

O São Paulo usou em 1966 uma camisa totalmente diferente dos tradicionais uniformes 1 (branco) e 2 (listrado). Foi no dia 4 de setembro, na vitória sobre o Comercial-SP (3 X 0). Segundo o Estatuto do Tricolor, as camisas do clube só podem seguir padrões preestabelecidos. Por isso, o clube não usa um terceiro uniforme ou faz mudanças radicais em suas camisas.

1968 | 1976

1969

1969

No dia 24 de agosto de 1969, o São Paulo ganhou o Troféu Colombino, em Huelva, na Espanha, ao vencer o Real Madrid por 2 X 1. Como só levou a camisa branca e jogava como visitante, o São Paulo precisou improvisar e acabou usando uma camisa azul, do Recreativo Huelva.

1970 | 1976

1977 | 1978

1977 | 1980

A história das camisas do **SÃO PAULO**

1978 **1978**

Pela Libertadores de 1978, no jogo contra o Palestino, do Chile, que jogava de branco, o São Paulo entrou em campo de laranja, cor da camisa do Unión Española, também do Chile. Sem uniforme reserva, o Tricolor precisou improvisar. Venceu o jogo por 1 X 0.

1978 | 1979 **1979 | 1980** **1980 | 1981**

1981 **1981**

Durante a década de 1970, as camisas do São Paulo foram confeccionadas pela Athleta. Em 1980, foi a vez de a Rainha produzir os uniformes. No ano seguinte, a francesa Le Coq Sportif passou a fazer a camisa, que pela primeira vez contou com a logomarca do fornecedor de material esportivo.

A história das camisas do **SÃO PAULO**

1985

Depois de quatro anos usando material da Le Coq, o São Paulo mudou de fornecedor e passou a ter camisas da Adidas. No início, a camisa seguiu o mesmo modelo da Le Coq. Em 1986, a grande mudança foi o formato da gola, que passou a ser polo.

1985

1985

1985

1985

1985

1985

1985

A história das camisas do **SÃO PAULO**

1991

A camisa do São Paulo deixou de ser feita pela Adidas (que ficou no clube entre 1985 e 1990) e passou a ser confeccionada pela Penalty. Com ela, o Tricolor ganhou todos os títulos possíveis entre 1991 e 1993 (Brasileiro, Paulista, Libertadores, Mundial, Recopa e Supercopa).

1991

1991

Depois de quatro anos de patrocínio da Coca-Cola, o São Paulo mudou seu patrocinador para a IBF (Indústria Brasileira de Formulários). A empresa, que imitava o logotipo da IBM, organização norte-americana de informática, ficou até 1993 no Tricolor.

1991

1992

1992

Na final do Mundial Interclubes de 1992, contra o Barcelona, em Tóquio, o São Paulo jogou de camisa manga longa e sem patrocinador, como exigia o regulamento do torneio na época. A camisa deu sorte e o Tricolor venceu os espanhóis de virada (2 X 1), conquistando seu primeiro título mundial.

A história das camisas do **SÃO PAULO**

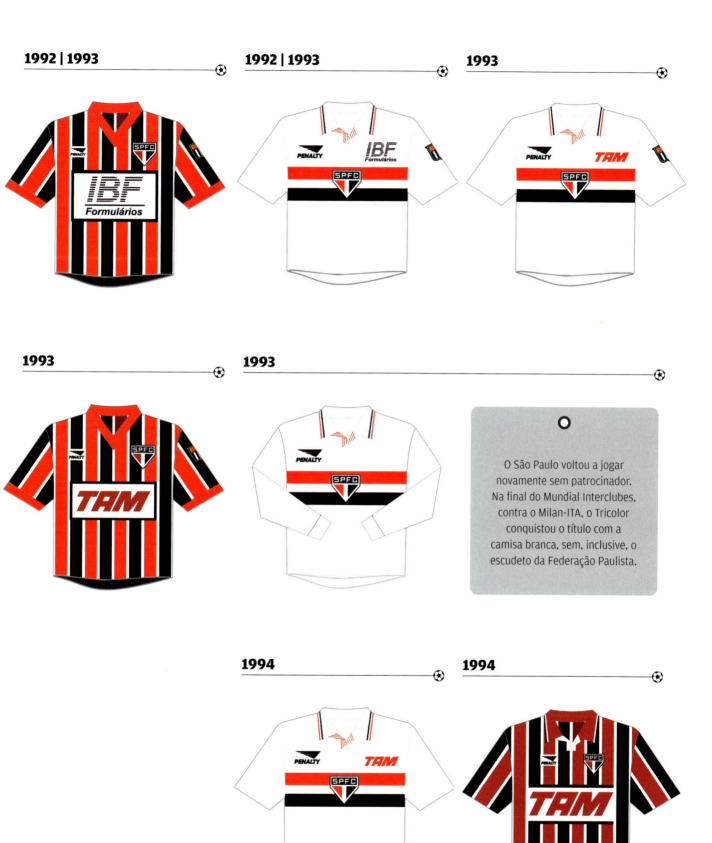

1992 | 1993

1992 | 1993

1993

1993

1993

> O São Paulo voltou a jogar novamente sem patrocinador. Na final do Mundial Interclubes, contra o Milan-ITA, o Tricolor conquistou o título com a camisa branca, sem, inclusive, o escudeto da Federação Paulista.

1994

1994

A história das camisas do **SÃO PAULO**

1995 | 1996

1995 | 1996

Em 1995, a camisa do Tricolor voltou a ser confeccionada pela Adidas. A maior inovação no uniforme foi as duas estrelas douradas acima do escudo, representando os recordes mundiais e olímpicos conquistados por Adhemar Ferreira da Silva nas Olimpíadas de Helsinque, em 1952, e nos Jogos Pan-Americanos do México, em 1955.

1996

1997

1997

1997

1997 | 1998

Antes de anunciar o patrocínio com a Bombril, o São Paulo entrou em campo contra o Cruzeiro, pelo Campeonato Brasileiro, fazendo mistério (Bom...???). Apesar de estranha, a camisa deu sorte e o Tricolor venceu por 5 X 0, fora de casa, com cinco gols de Dodô.

A história das camisas do **SÃO PAULO**

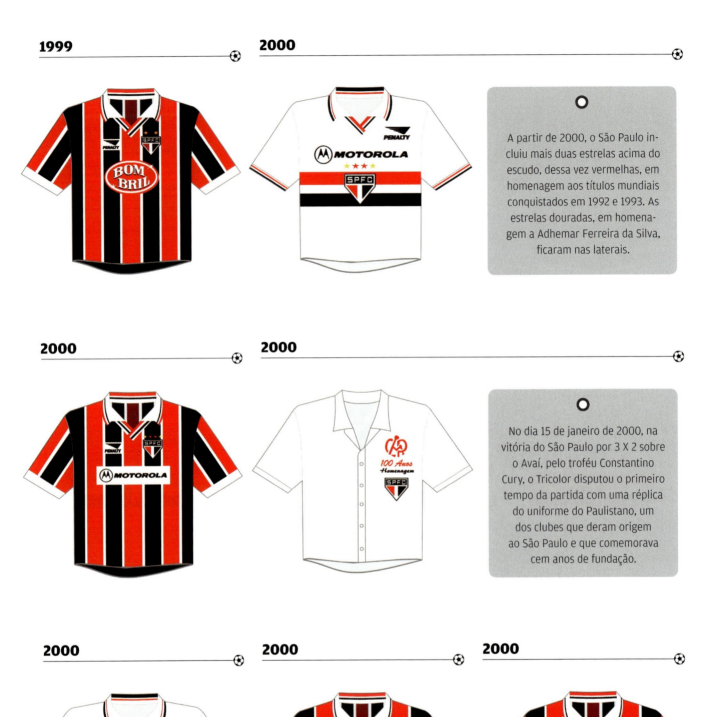

1999

2000

A partir de 2000, o São Paulo incluiu mais duas estrelas acima do escudo, dessa vez vermelhas, em homenagem aos títulos mundiais conquistados em 1992 e 1993. As estrelas douradas, em homenagem a Adhemar Ferreira da Silva, ficaram nas laterais.

2000

2000

No dia 15 de janeiro de 2000, na vitória do São Paulo por 3 X 2 sobre o Avaí, pelo troféu Constantino Cury, o Tricolor disputou o primeiro tempo da partida com uma réplica do uniforme do Paulistano, um dos clubes que deram origem ao São Paulo e que comemorava cem anos de fundação.

2000

2000

2000

A história das camisas do **SÃO PAULO**

2001

2001

2001

2001

Na disputa do torneio Rio-São Paulo de 2001, o Tricolor usou o símbolo da competição na manga da camisa, assim como todos os participantes daquele campeonato. A iniciativa copiou um modelo das grandes ligas europeias. Em 2002, o São Paulo usou pela última vez o chamado "patch".

2001

2001

2002

2004 2004 2005

2005 2005

Campeão da Copa Libertadores de 2005, o Tricolor usou pela primeira vez o símbolo da Conmebol como escudeto para celebrar a conquista. Em 1992 e 1993, o São Paulo não fez referências às conquistas na camisa. O logo ficou na camisa até a final da Libertadores de 2006.

2005

Para a disputa do Mundial de Clubes da Fifa, o São Paulo usou o logo do torneio na manga. Ao contrário do Mundial Interclubes de 1992 e 1993, o Tricolor pôde entrar com patrocinador. Na final, o São Paulo venceu o Liverpool--ING por 1 X 0 e ficou com o título.

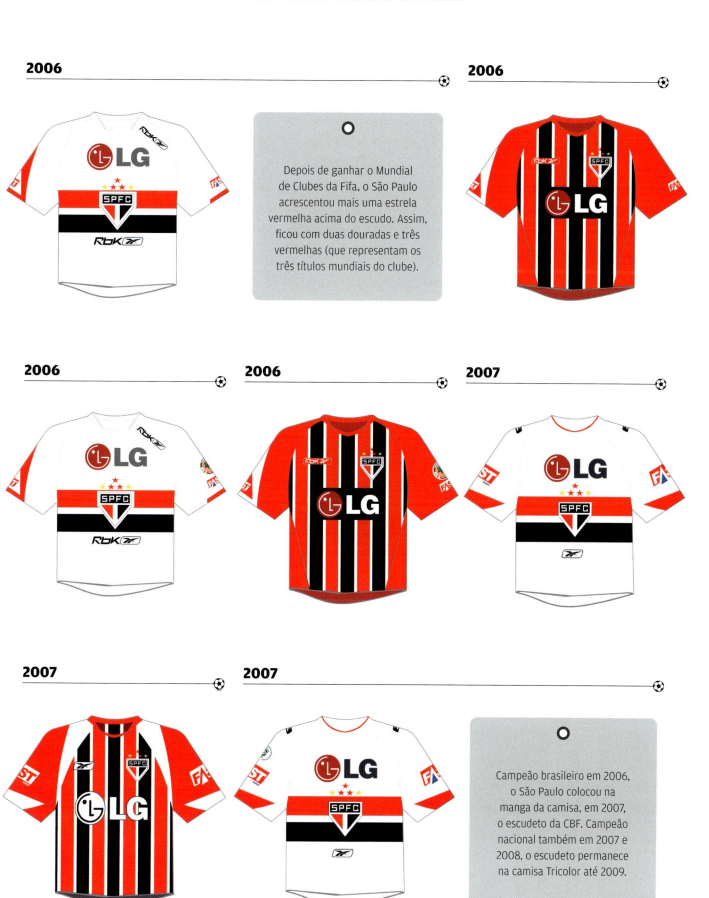

A história das camisas do **SÃO PAULO**

2007

2007

Para a disputa da Libertadores de 2007, a Reebok desenvolveu dois modelos para jogos internacionais. As camisas tinham como diferencial a gola polo. Durante o torneio, porém, o Tricolor só jogou com a branca. A listrada nunca foi usada.

2008

2008

2009

2009

2009

2009

Vasco

Quando cheguei ao Vasco, ainda na época dos juvenis, eu não tinha a dimensão do que representava a camisa cruz-maltina. Com o tempo, fui percebendo de perto sua grandeza e, ao final da minha carreira como jogador, pude me considerar honrado, realizado e consagrado por fazer parte da história de um clube com tanta tradição. O Vasco me deu uma identidade para o Brasil e felizmente consegui retribuir à altura. Fui o jogador que mais vestiu a camisa do clube e o que mais fez gols. Acho que isso simboliza minha trajetória. Hoje, fora dos campos, eu ainda me sinto como se estivesse vestido com a camisa do Vasco. Acho que encarnei o uniforme do clube. Recebo o carinho dos torcedores, que me idolatram com amor e respeito, mesmo em momentos de derrotas. Em comum, temos o amor pelo Vasco!

Atacante
Roberto Dinamite (Carlos Roberto de Oliveira)
13/4/1954, Duque de Caxias (RJ)
Jogou no Vasco de 1971 a 1979, de 1980 a 1989, em 1990,
1992 e 1993, e conquistou os seguintes títulos pelo clube:
Brasileiro (1974) e Carioca (1977/82/87/88/92)

1916 | 1928

1929 | 1933

Fundado em 1898, como clube de regatas, o Vasco tinha uma camisa preta com uma faixa diagonal branca. No futebol, porém, o clube só iniciou suas atividades em 26 de novembro de 1915, quando fundiu-se com o Lusitânia. A estreia aconteceu em 3 de maio de 1916, quando perdeu de 10 X 1 para o Paladino.

1934 | 1942

1938 | 1943

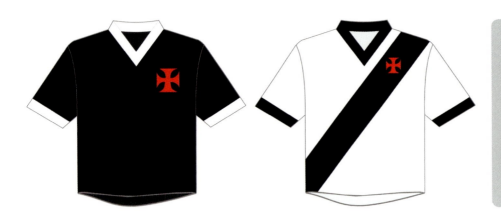

Na década de 1930, o Vasco criou seu segundo uniforme, sendo ele branco com uma faixa diagonal preta. A primeira vez que o clube jogou assim foi no dia 16 de janeiro de 1938, na vitória por 4 X 1 sobre o Bonsucesso.

1943

1943 | 1949

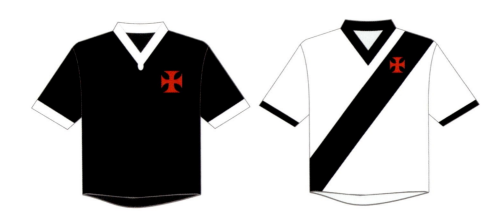

A história das camisas do **VASCO**

1944 | 1947

1948 | 1949

A camisa preta do Vasco (a número 1 do clube) ganhou a faixa branca. Há quem diga que a faixa foi inspirada no uniforme do River Plate-ARG, por sugestão do técnico uruguaio Ondino Vieira, ex-treinador do clube argentino. Nessa época, a camisa número 2 (branca) já era mais utilizada pelo Vasco.

1949

1950

A Cruz da Ordem de Cristo na camisa do Vasco (muita gente a denomina erroneamente como cruz de malta) ficou também na diagonal, seguindo a faixa da camisa. A Cruz da Ordem de Cristo é a mesma que o navio do almirante Vasco da Gama ostentava quando descobriu o caminho para as Índias, em 1498.

1950

1951 | 1955

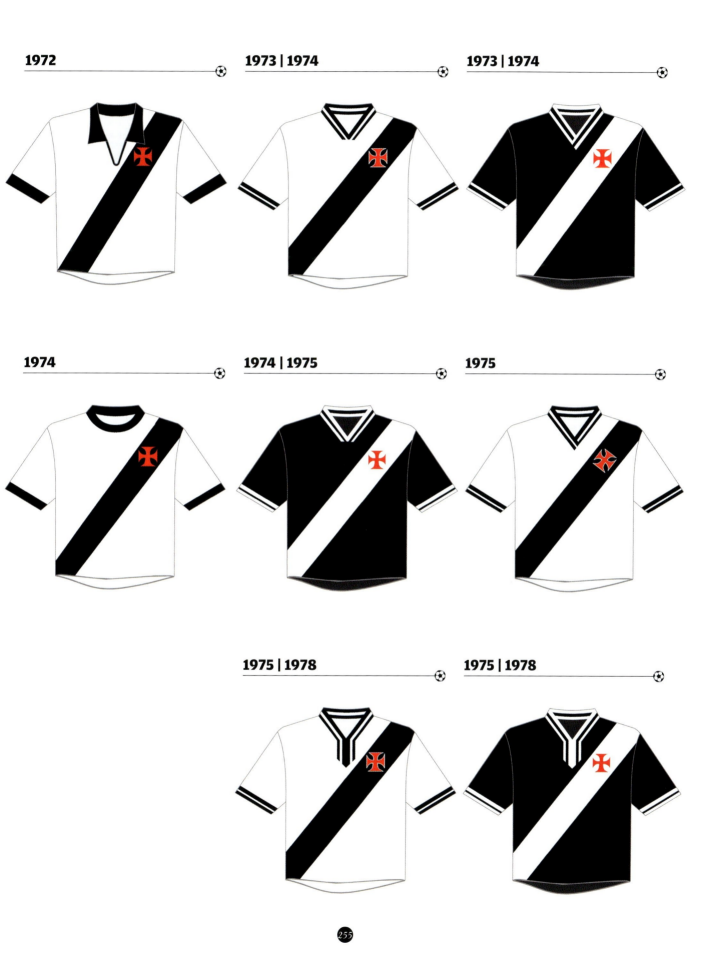

A história das camisas do **VASCO**

1982 **1983**

1983 **1983**

Devido à liberação de patrocínio em camisas de times de futebol, em 1983 o Vasco estreou seu primeiro patrocinador, a Bandeirante Seguros.

1983 **1983** **1983**

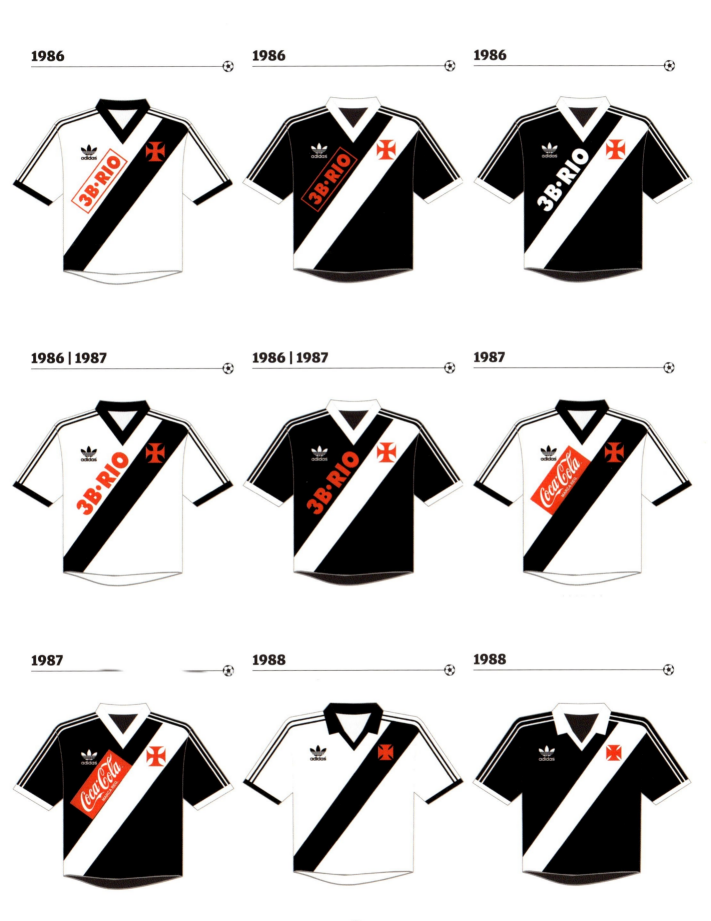

A história das camisas do **VASCO**

1993

No dia 24 de março de 1993, o atacante Roberto Dinamite, maior artilheiro da história do clube, fez sua despedida pelo Vasco contra o La Coruña, da Espanha, no Maracanã. O Vasco contou até com Zico na equipe, mas acabou perdendo por 2 X 0.

1993 | 1994

Em 1993, o Vasco passou a colocar o escudo do clube na manga esquerda. Outra novidade na camisa eram as quatro estrelas douradas acima do escudo, que representavam os títulos cariocas invictos (1945, 1947, 1949 e 1992).

1993 | 1994

1994

1994

Com a saída da Finta, o Vasco ficou um curto período com a camisa da CCS (durante a Copa Denner), no meio do ano. No segundo semestre, o clube já mudou para a Penalty, que ficou até meados de 1995.

A história das camisas do **VASCO**

1997

1997

> A partir de 1997, a camisa do Vasco ganhou linhas vermelhas contornando a faixa diagonal. Nesse modelo de 1997, o escudo do clube vai na gola e a logomarca da Kappa, nos ombros e nas mangas da camisa.

1997

1997

1998

1998

1998

1998

2001

2001 | 2002

O Vasco não renovou o contrato com a Kappa e ficou sem fornecedor de material esportivo. A solução encontrada pelo clube foi mandar confeccionar a camisa e estampar apenas o nome do clube, já que estava pagando para fazer os uniformes.

2001 | 2002

2001

Inconformado com a estreia no Campeonato Brasileiro fora de casa contra o Gama, o então presidente do Vasco, Eurico Miranda, fez o clube entrar em campo com uma camisa toda preta (de luto) como forma de protesto contra a CBF. A mudança foi contra o Estatuto do clube.

2001

2001

2002

2002

> No primeiro semestre de 2002, o Vasco colocou na manga da camisa o logo do Torneio Rio-São Paulo, assim como todos os clubes participantes. A ideia copiada das ligas europeias não vingou no futebol brasileiro.

2002

2002 | 2003

> Em 2002, o Vasco voltou a ter um fornecedor de material esportivo, a inglesa Umbro. Nesse ano, o clube também passou a usar oito estrelas referentes aos títulos Carioca e do Remo invicto em 1945, Campeonato Sul-Americano (1948), Libertadores (1998), Mercosul (2000) e Campeonato Brasileiro (1974/89/97/2000).

2002 | 2003

2003

2003 | 2004

A história das camisas do **VASCO**

2004

2004

Sem patrocinador, o Vasco prestou uma homenagem à prefeitura do Rio de Janeiro e colocou nas mangas a logomarca com o brasão da prefeitura. Em 2004, no jogo de decisão do Brasileirão, contra o Santos, o clube usou dois patrocinadores (os canais Sony e AXN), um em cada tempo.

2004

2004

2004

2005

2005

2005

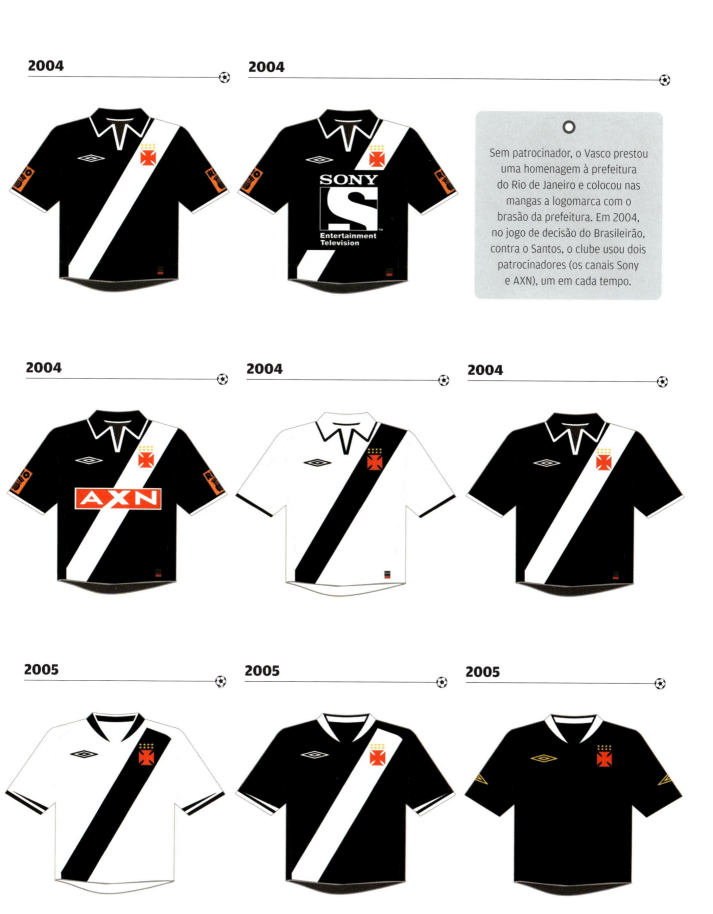

A história das camisas do **VASCO**

2007

2007

Pouco antes de marcar seu milésimo gol, Romário entrava em campo com uma camisa personalizada, com uma contagem regressiva para o gol mil. Depois de alcançar a marca, o atacante usou ainda uma camisa comemorativa, que vinha até com o seu autógrafo.

2007

2007

2007

2008

Para jogar a Copa Sul-Americana de 2007, o Vasco criou uma camisa especial, apenas para jogos internacionais. A grande mudança em relação à camisa usada no Campeonato Brasileiro era basicamente a gola polo.

A história das camisas do **VASCO**

2008 | **2008** | **2008**

2008 | **2008**

> Para comemorar os dez anos do título da Copa Libertadores de 1998, o Vasco colocou na camisa o símbolo da Conmebol com a inscrição "10 anos da Reconquista da América".

2008 | **2008** | **2009**

A história das camisas do VASCO

Referências bibliográficas

LIVROS

ALVES, Ivan. *Uma nação chamada Flamengo*. Rio de Janeiro: Europa, 1989.
ANUÁRIO PLACAR 2003. São Paulo: Abril, 2003.
ANUÁRIO PLACAR 2004. São Paulo: Abril, 2004.
ASSAF, Roberto; MARTINS, Clóvis. *Almanaque do Flamengo*. São Paulo: Abril, 2001.
___. *Fla X Flu - o jogo do século*. Rio de Janeiro: Letras e Expressões, 1999.
BARRETO, Luiz Otavio; BARRETO, Plínio. *De Palestra a Cruzeiro - uma trajetória de glórias*. Belo Horizonte: Autores, 2001.
BRANDÃO, Ignácio de Loyola. *São Paulo Futebol Clube - saga de um campeão*. São Paulo: DBA, 1996.
CASTRO, Ruy. *O vermelho e o negro - pequena grande história do Flamengo*. São Paulo: DBA, 2001.
COIMBRA, David; NORONHA, Nico; SOUZA, Mário. *A história dos Grenais*. Porto Alegre: Artes e Ofícios, 2004.
COSTA, Alexandre. *Almanaque do São Paulo*. São Paulo: Abril, 2005.
DIENSTMANN, Cláudio. *Campeonato Gaúcho - 68 anos de história*. Porto Alegre: Sulina, 1987.
___. *Sport Club Internacional - história de uma paixão*. Porto Alegre: L&PM, 2002.
FALCÃO, Roberto, CASÉ, Rafael. *100 anos gloriosos*. Rio de Janeiro: Lance Editorial, 2004.
FERLA, Marcelo. *Grêmio Foot-Ball Porto Alegrense - imortal tricolor*. Porto Alegre: L&PM, 2002.
FILHO, Pedro Haase. *Gauchão - a história ilustrada de uma tradição*. Porto Alegre: Zero Hora, 2001.
FIORIN, Flávio; VITORINO, Markus. *Anuário do futebol gaúcho*. Porto Alegre: Federação Gaúcha de Futebol, 2001.
JUNIOR, Alberto Helena. *Palmeiras, a eterna academia*. São Paulo: DBA/Melhoramentos, 1996.
LANCE! *Enciclopédia do futebol brasileiro*. São Paulo. Vols. I e II, 2001.
MÁXIMO, João. *Maracanã - meio século de paixão*. São Paulo: DBA, 2000.
NAPOLEÃO, Antonio Carlos. *Botafogo de futebol e regatas - história, conquistas e glórias no futebol*. Rio de Janeiro: Mauad, 2000.
NAPOLEÃO, Antonio Carlos. *Fluminense Football Club - história, conquistas e glórias no futebol*. Rio de Janeiro: Mauad, 2003.
NETO, José Augustus Bastos. *Pequenas grandes histórias do São Paulo F. C.: fatos, feitos e fábulas*. São Paulo: Trama, 2000.
NETO, José Jorge Farah; JUNIOR, Rodolfo Kussarev. *Almanaque do futebol paulista*. São Paulo: Panini, 2000 e 2001.
NETTO, Paulo Coelho. *História do Fluminense - tomo II - 1952 a 1968*. Rio de Janeiro: Gráficos Borsoi, 1969.
OSTERMANN, Ruy Carlos. *Até a pé nós iremos*. Porto Alegre: Mercado Aberto, 2000.
___. *Meu coração é vermelho*. Porto Alegre: Mercado Aberto, 1999.
PIRES, Edison. *Grêmio Foot-Ball Porto Alegrense - passado e presente de um grande clube*. Porto Alegre: 1967.
RIBEIRO, Henrique. *Almanaque do Cruzeiro*. Belo Horizonte: 2007.
RIBEIRO, Rubens. *O caminho da bola: 50 anos de paulistão - 1902-1952*. São Paulo: FPF, 2000.
ROCHA, Antonio Carlos T. *Eu sou é tricolor!* Rio de Janeiro: Editar, 2000.
STORTI, Valmir; FONTENELLE, André. *A história do Campeonato Paulista*. São Paulo: Publifolha, 1997.
TORERO, José Roberto; PIMENTA, Marcus Aurélius. *Santos, um time dos céus*. São Paulo: DBA/Melhoramentos, 1998.
UNZELTE, Celso; VENDITTI, Mário Sérgio. *Almanaque do Palmeiras*. São Paulo: Abril, 2005.
___. *Almanaque do Timão*. São Paulo: Abril, 2000.
___. *Livro de ouro do futebol*. São Paulo: Ediouro, 2006.
ZERO HORA. *Gauchão - a história ilustrada de uma tradição*. Porto Alegre: Pioneiro, 2001.
ZILLER, Aldechi. *Atlético de todos os tempos*. Belo Horizonte: História do Atlético, 1996.

REVISTAS

Esporte Ilustrado (1950-1954), *Fut, Gazeta Esportiva Ilustrada* (1953-1967), *Placar* (1970-2009), *Revista do Esporte* (1965-1966), *Trivela*.

SITES

http://crufotos.wordpress.com/2007/12/02/de-palestra-a-cruzeiro-lancamento-das-camisas-de-1921-e-1942/
http://cruzeirense.wordpress.com/camisas-historicas-do-cruzeiro/
http://dudsmacedo.vilabol.uol.com.br/index.htm
http://erojkit.blogspot.com/
http://fotolog.terra.com.br/gremiocolection:14
http://gremio1983.blogspot.com
http://hekula.blogspot.com
http://juniorlouzada.wordpress.com/
http://koloradosp.jalbum.net/
http://magliaverde.blogspot.com/
http://mantossagrados.blogspot.com/
http://paginas.terra.com.br/esporte/mantosagrado/
http://spfcpedia.blogspot.com/
http://vestiariobr.blogspot.com/
http://victor-saopaulino.fotos.net.br/album1/slide.html
www.atletico.com.br
www.botafogo.com.br
www.clicrbs.com.br
www.colours-of-football.com
www.corinthians.com.br
www.cruzeiro.com.br
www.flamengo.com.br
www.flickr.com/
www.fluminense.com.br
www.futmania.com.br
www.gazetaesportiva.net
www.globoesporte.com
www.gremio.arquibancada.org/
www.gremio.net
www.ig.com.br
www.internacional.com.br
www.jb.com.br
www.ligaretro.com.br/
www.manianet.com.br/soccershirts/atletico_mineiro.htm
www.minhascamisas.com.br
www.museudosesportes.com.br
www.netvasco.com.br
www.nwnet.com.br/tfaber/
www.palestrinos.com/
www.palmeiras.com.br
www.placar.com.br
www.rsssf.com
www.santosfc.com.br
www.spfc.com.br
www.switchimageproject.com/
www.terra.com.br
www.torcedor.gremista.nom.br/colecao_camisas.htm
www.uai.com.br
www.uol.com.br
www.vascodagama.com.br
www.wikipedia.com/

Impressão e Acabamento:
Geográfica editora